公路工程结构设计施工方法论解析

朱汉华　石　磊　等　著

人民交通出版社股份有限公司

北京

内 容 提 要

本书在哲学与思维方法问题和公路工程方法论问题的基础上,论述了综合研究分析法和复杂问题简单化及典型工程应用的方法,其中结构变形协调控制方法、地下工程平衡稳定理论、公路软土地区路基"桥头跳车"治理方法等是作者创新方法,其特色是采用典型案例和创新工程方法及典型问题建议说明公路工程结构设计施工方法论问题。书中的两篇指导文章介绍了专家如何用哲学方法解决现实问题,又从应用层面介绍了如何应用公路工程结构设计施工方法论问题,便于读者在工程应用和创新方法工作中借鉴。

本书可供公路工程设计、施工、管理、科研人员参考。

图书在版编目(CIP)数据

公路工程结构设计施工方法论解析/朱汉华,石磊著.—北京:人民交通出版社股份有限公司,2021.4
ISBN 978-7-114-17254-0

Ⅰ.①公… Ⅱ.①朱…②石… Ⅲ.①道路工程—工程结构—结构设计—工程施工—研究 Ⅳ.①U415.12

中国版本图书馆 CIP 数据核字(2021)第 073807 号

Gonglu Gongcheng Jiegou Sheji Shigong Fangfalun Jiexi

书　　名:	公路工程结构设计施工方法论解析
著 作 者:	朱汉华　石　磊　等
责任编辑:	郭晓旭
责任校对:	刘　芹
责任印制:	张　凯
出版发行:	人民交通出版社股份有限公司
地　　址:	(100011)北京市朝阳区安定门外外馆斜街 3 号
网　　址:	http://www.ccpcl.com.cn
销售电话:	(010)59757973
总 经 销:	人民交通出版社股份有限公司发行部
经　　销:	各地新华书店
印　　刷:	北京印匠彩色印刷有限公司
开　　本:	787×1092　1/16
印　　张:	9
字　　数:	201 千
版　　次:	2021 年 4 月　第 1 版
印　　次:	2021 年 4 月　第 1 次印刷
书　　号:	ISBN 978-7-114-17254-0
定　　价:	58.00 元

(有印刷、装订质量问题的图书由本公司负责调换)

《公路工程结构设计施工方法论解析》
编委会(排名不分先后)

朱汉华	石　磊	韩常领	陈立平	魏新江
应国刚	吴志军	张智魁	黄宝涛	刘子忠
吴慧明	邓永锋	刘新荣	王文明	刘映晶
晁春峰	杨　超	俞元洪	刘　伟	邓亚光
吴先树	顾博渊			

序言 Xuyan

这是一本讲公路工程结构设计施工技术的书，非常专业，是作者几十年实践经验的总结和理论思考的结晶。作者朱汉华是一位高级工程师，有非常丰富的工程设计经验，在公路设计和施工技术难度非常大的四川和西藏一带的多年实践中积累了大量案例。作者石磊在浙江大学毕业后，20多年来一直在四川和西藏修路架桥，有着丰富的施工经验和独特的理论见地。他们联袂的作品，有理论、有实践，以问题为中心，针对性强，又很接地气，可以作为公路工程结构设计施工方面技术人员的实用手册。

说实话，这本书的大部分内容我是看不懂的。我不懂工程技术，更不懂公路工程结构设计施工，之所以来给这本书写序，是因为由衷敬佩这两位作者自觉运用哲学方法论来解决工程技术问题的精神，要支持和鼓励这种探索。两位作者，一位耕读于毛泽东同志的家乡，一位耕读于邓小平同志的家乡，他们从小就对这两位伟人充满崇敬之情，从小就喜欢读这两位伟人的书，学习他们的精神风范和做事为人。他们通读了《毛泽东选集》(1~4卷)和《邓小平文选》(1~3卷)，两位伟人运用马克思主义哲学来解决中国革命、建设和改革中的重大问题尤其使他们得到启发，他们想用马克思主义的世界观和方法论来解决工作中的问题(公路工程结构设计施工问题)。

本书的作者从中西哲学两种思维方式的异同和互补着眼，认为在工程技术领域也要运用中西两种思维方式，取其所长，避其所短。例如，西方哲学注重分析和综合、归纳和演绎等方法，中国哲学注重整体和联系、直觉和体悟等方法，这些都可以运用到公路工程结构设计施工之中。马克思主义哲学的世界观和方法论的指导性更强，如既要"两点论"又要重点论，既要抓住主要矛盾和矛盾的主要方面，又要搞好综合平衡。作者认为，复杂问题简单化是工程问题力学分析的重要方法，但是具体实践中应做到整体控制与细节把握的统一。复杂问题简单化是有条件的，保持系统稳定平衡是关键。

本书的作者还注意在红色文化中吸取精神养分,如他们在毛泽东同志的《论持久战》中提炼出综合分析法;思考总结共产党的统一战线、武装斗争和党的建设"三大法宝"伟大实践经验,并在公路工程结构设计施工中借鉴运用;深入学习理解邓小平同志的"解放思想,实事求是"的精髓,并将其作为工程设计的思想路线等。

难能可贵的是,书中"典型工程应用"和"典型问题建议"分析了公路工程结构设计施工中的大量问题与案例,有作者独到的思考和建议,充分体现出具体情况具体分析、一切以时间地点条件为转移这个辩证法的"活的灵魂",使搞公路工程结构设计施工的同行们从中受益。

该书的最后一部分收录了潘家铮院士的《水利建设中的哲学思考》和我的《改革开放的辩证法》两篇文章。我想作者的意思是以这两篇文章为佐证,说明大型工程都离不开哲学的思考和指导。潘院士的文章是说明水利工程建设应该有哲学的世界观和方法论的指导。我的文章则说明改革开放也是一个大工程,也离不开辩证唯物主义和历史唯物主义的指导。我的这篇文章是学习习近平总书记关于全面深化改革重要论述的体会。习近平总书记在领导全面深化改革的过程中为我们做出了榜样,习近平总书记是学哲学、用哲学的典范,习近平新时代中国特色社会主义思想是马克思主义中国化的最新成果。

我读这本书的启示是,马克思主义的世界观和方法论不仅能指导治国理政,也能指导工程技术。工程技术人员不仅应该具有精良的专业素养,也需要有基本的哲学素养。运用正确的世界观和方法论做指导,往往会事半功倍,取得更大的成功。

再一次对两位工程技术人员可贵的哲学探索精神表示敬意。

冯　俊[❶]

2020年10月8日

[❶] 冯俊,哲学家,教授,博士生导师。先后担任的职务主要有中国人民大学副校长兼哲学院院长、中华外国哲学史学会理事长、教育部哲学教学指导委员会副主任委员、中国浦东干部学院常务副院长、中央党史研究室副主任、中国中共党史学会常务副会长等。

前言

综合统计数据表明，在土木工程各类坍塌事故的死亡人数中，地下工程所占比例高达 32.6%，基坑开挖与挡墙坍塌占 23.9%，临时设施与支架坍塌占 32.6%，道路桥梁等结构坍塌占 9.9%；道路桥梁使用年限在 30 年以内的病危桥数约占总病危桥数的 64%，即使欧美发达国家道路桥梁等的结构性缺陷也高达 11%。造成以上工程病害高发的根本原因是交通工程结构亚稳定平衡问题。除工程环境条件和人为因素外，现行工程结构平衡稳定理论在应用中隐含"变形协调"限制条件。而有些工程结构受力时，其材料性质和微观结构以及结构本构关系、积分和传力路径会发生改变，不符合变形协调理论的隐含限制条件。把"变形协调"看作理论问题，需要创新理论和重建体系，这样就会把工程问题复杂化，并且解决实际工程问题效果有限，经过复杂推演，能够解决问题的实质还是控制方法；把"变形协调"看作控制方法问题，只要创新技术和结构，就会把工程问题简单化，利用现有工程结构平衡稳定理论解决实际工程问题效果较好。两者解决问题的目标相同，但解决问题的过程和方法不同，即控制工程结构受力变形状态不同，前者把简单问题复杂化，后者把复杂问题简单化。从方法论和解决工程实际问题角度看，把"变形协调"看作控制方法问题更合适。针对不利构造或柔性压弯构件、破碎围岩、软土地基等组合工程结构，应用工程力学解决工程结构问题还要在遵循方法论的前提下进行研究，可把实际工程中可能出现的问题暴露在研究试验环节，以便在设计施工环节加以解决，避免在实际工程使用中出现质量甚至安全问题，以确保人民生命和财产安全。

毛主席曾对北京地铁 1 号线建设做出批示："精心设计，精心施工，在建设过程中一定会有不少错误、失败，随时注意改正。"这是用哲学指导工程学的范例。邓小平同志领导改革开放的"解放思想，实事求是"思想，既是思想路线，也是辩证法。两位领导人都是"在战争中学习战争"的高手。无论是战争，还是革命、建设、改革，都离不开唯物辩证法，科技上的发明创造更需要学习和掌握唯物辩证法。创新最大的敌人是习以为常，技术进步与工程建设相辅相成，离开工程建设发展技术很困难。

受潘家铮院士《水利建设中的哲学思考》的启示，在哲学教授冯俊先生的指导下，作者尝试从方法论角度论述公路工程结构设计施工技术的实践体会。本书包括规律与理论的方法论、综合研究分析法、复杂问题简单化以及典型工程应用和问题的建议等内容，最后附上两位大家的指导文章，方便工程建设人员使用哲学方法指导工程建设，又不限于哲学指导工程学讨论。

本书是作者尝试性探讨公路工程结构设计施工方法论问题，难免存在各种缺点和不当之处，敬请同行和读者批评指正。

作　者

2020 年 2 月 6 日

目录

第1章 哲学与思维方法问题 1

第2章 公路工程方法论问题 4
  2.1 "钱塘江大桥"现象分析 4
  2.2 "都江堰水利工程"现象分析 4
  2.3 "赵州桥"现象分析 5
  2.4 公路工程结构分析难易程度排序 7

第3章 综合研究分析法 20
  3.1 综合研究(战略问题) 20
  3.2 分析法(战术问题) 23

第4章 复杂问题简单化 26
  4.1 复杂问题简单化是工程问题力学分析的重要方法 26
  4.2 实现复杂问题简单化,应做到整体控制与细节把握的统一 26
  4.3 复杂问题简单化是有条件的,保持系统稳定平衡是关键 26
  4.4 典型案例分析 28
  4.5 工程设计的总体思路 31

第5章 结构变形协调控制方法在工程中的应用 33
  5.1 工程结构变形协调控制的物理意义 33
  5.2 工程结构亚稳定平衡与工程事故之间的关联性 34
  5.3 公路工程结构变形协调控制技术 35

第6章 地下工程平衡稳定理论在工程中的应用 47
  6.1 实践是理论创新的基础和源泉 47
  6.2 工程结构分析理论体系四个层次的统一性问题 51
  6.3 工程设计施工理论战略普遍性与战术适用性问题 52
  6.4 理论的大众化便于过程控制与目标控制相结合 52

第7章 公路软土地区路基桥头跳车治理方法 80

第8章 边坡(路基)平衡体系与排水(水毁)问题 94
  8.1 工程结构流体冲击的物理意义与分析方法 94
  8.2 川藏公路102滑坡工程治理 95

  8.3 城区堆土垮塌诱发伴生泥石流 …………………………………… 96
  8.4 山区公路边坡、沟谷治理方法与顺序 …………………………… 98
第9章 相似性在工程中的应用 ………………………………………………… 106
  9.1 桥梁整体垮塌的相似性 …………………………………………… 106
  9.2 基坑或基础塌陷的相似性 ………………………………………… 109
第10章 典型问题建议 …………………………………………………………… 112
  10.1 结构分支点稳定监控问题 ………………………………………… 112
  10.2 循环荷载结构塑性铰利用隐患问题 ……………………………… 114
第11章 指导文章 ………………………………………………………………… 117
  11.1 水利建设中的哲学思考 …………………………………………… 117
  11.2 改革开放的辩证法 ………………………………………………… 125
参考文献 ……………………………………………………………………………… 133

第1章 哲学与思维方法问题

公元前8世纪至公元前2世纪,人类的首批智者几乎同时诞生,如孔子、释迦牟尼、苏格拉底、柏拉图、亚里士多德,因此西方人将这一时期称为"轴心时代"。古希腊早期哲学家主要思考人和物(客观世界)的关系,哲学和科学不分家,自然哲学发达;古印度哲学家主要思考人和神(超验世界)的关系,超越人的经验世界;古代中国哲学家既思考人和人的关系,也思考天人关系(自然和人的关系),注重和谐共赢。中国文化具有融合性(改变自己不适应的部分,吸收外来先进部分,强化自己的适应能力),能在坚持中国文化的基础上吸收外来先进文化,构建更先进的文化服务于人,犹如钢中加入合金锻造更好的合金钢。于是,中国历史上每一次进步都可以看到文化融合的历程,如秦朝、汉朝、唐朝、元朝等融合了多种文化,特别是儒释道和谐促进等;当代融合了马克思主义、西方科学技术,达到东西方文明和思维方式兼容并蓄,但也出现过明朝、清朝没有把握大势和落后于西方工业革命步伐的情况。由此可见,改革开放和把握大势就发展,保守封闭和误判时代就落后。基于此,英国学者李约瑟(Joseph Needham,1900—1995)之问"尽管古代中国对人类科技发展做出了很多重要贡献,但为什么科学和工业革命没有在近代的中国发生"也就好理解了。总之,只要国家坚持"改革开放、把握大势、集中规划和整体推进等组合",把握大势和统一战线及加强党的建设,不断进步,问题就好解决。

古代地中海航海便利,又处在东西方世界的交汇处,商业比较发达,而中国主要是农耕文明,农业比较发达。西方文化是三股文化的合流:一是古希腊文化,二是希伯来文化,三是古罗马文化。在文艺复兴之后,西方注重自然科学研究,特别是受基督教新教影响大的美国等西方国家更加注重科学研究和技术创新。西方哲学方法论的特征是注重逻辑思维,既讲证实,也讲证伪,既重视同义反复的逻辑重言式的必然性,也重视经验归纳的或然性(概率)。

古代东方农业文明发达,靠农业就能生存,生产劳动中的相互联系需要建立人和人之间的和谐关系,人伦关系的研究成为东方文化尤其是中国文化的主要特征。东方文化也是三股合流:一是中国文化,二是印度文化,三是阿拉伯文化。东方文化人文哲学研究较好,艺术和技术发明较发达,但自然科学研究不太发达。东方哲学方法论特征是继承式的,强调包容性,属于形象思维。

古希腊哲学家毕达哥拉斯认为,世界万物都可以用数学简单直接地表达出来,一切皆有定数,数构成了世界的美与和谐。毕达哥拉斯的哲学促进了理性思维的发展。用理性思维去寻找真理,由此产生了科学。古希腊哲学家苏格拉底教学就是向学生提问,在提问中让学生学会怀疑现有的结论、怀疑老师、怀疑既定知识的正确性,这点在西方文化中保留了下来。文艺复兴时期的法国哲学家蒙田和西方近代哲学的奠基者笛卡儿等提出的"怀疑一切"的精神,影响了西方近代以来的思维方式,如伽利略、哥白尼、牛顿、爱因斯坦等伟大科学家的思维最大的特点就是对已知正确的东西大胆怀疑,想办法去颠覆。

西方文艺复兴之后是一次大变革,并为第一次工业革命准备了前提条件。到16世纪末17世纪初,在文艺复兴运动的影响下,人们的思想获得解放,在自然科学方面取得了显著成果。弗朗西斯·培根(1561—1626)既是哲学家,也是自然科学家。他认为哲学的任务就是要深入自然界去,研究和反映自然界,从中获得知识,以推动科学和技术的进步。培根提出了"知识就是力量"的口号,认为知识并不像经院哲学那样只是空谈,严重地脱离实际,更不能被宗教信仰所代替,它起到了认识自然和利用自然的作用,促进了生产的发展。培根提倡认识自然要通过科学实验而观察、认识和形成知识,得到新发现的最有效的方法是归纳法。培根的思想对英国自然科学家产生了积极影响,激活了17世纪英国自然科学领域,解放了生产力。于是,西方哲学开始从经院哲学转为自然哲学,一大批哲学家活跃起来,促使西方科学突飞猛进地发展起来。

传统的儒家思想源自农耕文明的智慧。农耕文明孕育了和平、包容、中庸、多样性等文化特征,儒家思想是这一文化的主要载体。仁爱,"仁以处人,有序和谐"是儒家思想的核心。仁体现在政治上是强调"德治"。爱人即仁的实质和基本内容,而此种爱人又是推己及人。儒家又是包容的、入世进取的,有强烈的家国情怀。例如,孟子提出:民为贵,君为轻,社稷次之。这一儒家的民本思想比西方生而平等的观点提出得更早。北宋思想家、理学创始人之一的张载提出"为天地立心,为生民立命,为往圣继绝学,为万世开太平";北宋思想家王安石提出"祖宗之法不足守"的变法思想;明代徐光启向英国传教士利玛窦学习数学、天文历法及西洋先进思想,并加入天主教,成为天主教徒;一代大儒曾国藩为"自强""求富"带头发起洋务运动。

在牛顿时代之后,西方特别是英国的科学技术突破了宗教束缚而成为主导世界的新思维。科学家开始用数学模式去分析世界、解释世界。这种思维方式确实在一些领域,尤其是在自然科学领域不断取得成就。经典力学统治欧洲科学界,也传播到世界各地,包括北美和中国。中国思维在西方自然科学的思想方式的推动下,也逐渐开始突破儒学束缚。中国文化(思维方式)是兼容并蓄的文化(思维方式),掺入没落的东西,就会成为保守的文化(思维方式);相反,吸收积极的东西,就会成为进步的文化(思维方式)。中西方的思维方法是可以互补的。中国传统的思维方式注重整体和交互联系,讲求整体平衡;而西方的思维方式注重分析和综合,讲求个性冲突。

生存方式,包括生产方式和交往方式,影响着人们的思维方式。思维方式只是手段,只要相互交流和实践,彼此是可以学习和互补的。例如,创新最大的敌人是习以为常。历史上,犹太民族多灾多难、居无定所,犹太人必须不断地适应新环境,解决新问题,拥抱新方法,创新生活方式。今天,世界各地的犹太人很多都取得了非凡成绩,以色列的创新也在全世界十分突出。日本在明治维新后,向西方学习科学技术和管理方式,逐渐成为现代化强国。中国发挥党的领导和集中力量办大事的优势,坚持改革开放,东西方思维互补,经济建设和科学技术都得到较好较快的发展,许多技术创新项目(如量子通信)也达到世界先进水平。中国的小学、中学、大学、研究生的培养模式,除了语言课以外,其他课程基本和发达国家接轨,交往方式和生产方式和发达国家基本接轨,研究事物规律的思维方式也基本接轨。

中国历史上,齐国经济富有、政治体制先进、军事理论先进(《孙子兵法》等),却没有统一六国。而秦国社会和军队结构则被改造为能够共同作战的体制,类似于现在的统一战线、军队先锋模范作用等,在冷兵器时代发挥出强大的战斗力,统一六国也就顺理成章。土地革命战争时期至解放战争时期,关键是争取农民,形成广泛的统一战线。共产党的宗旨就是全心全意为人民服务,所以共产党能够团结一切可以团结的力量,最终取得胜利。中华人民共和国成立后,通过独立自主的抗美援朝等战争和发展工业等生产实践,团结亚非拉等发展中国家共同发展(统一战线),使中国真正站了起来。今天,我国又提出并践行人类命运共同体的思想,力求在世界上建立更广泛的统一战线。

事物规律都是相通的。西方的传统智慧和马克思主义的世界观、方法论,中国优秀传统文化中独特的思维方式和方法,毛泽东和邓小平等领导人在革命、建设、改革实践中形成的哲学理论和思维方法,习近平新时代中国特色社会主义思想、治国理政的方法论等,都可以运用到工程技术中来,对于公路工程结构设计施工具有重要的方法论启示和借鉴作用。我们在多年的公路工程设计施工实践中,注意自觉地运用科学方法论来指导具体工作,取得极大的成功,积累了许多经验,有了很多心得体会。

第2章 公路工程方法论问题

潘家铮院士在《水利建设中的哲学思考》(刊载于《中国水利水电科学研究院学报》,2003年6月第1卷第1期)一文中指出:水利工程师有很多学科要掌握,不可能花大量精力去研究哲学问题。但一个人的思想言行总是受自己的认识论和世界观支配的。如果在这些方面有偏差,尽管你有一颗好心,掌握了现代科技知识,往往也会事倍功半,甚至导致意想不到的后果。这样看来,水利工程师读点哲学书是颇有裨益的。文章将水利工程经验形象地概括为8个方面,进行了深入浅出的论述,包括照镜子的哲学、坐飞机的哲学、服中药的哲学、握鸡蛋的哲学、吃砒霜(三氧化二砷)的哲学、体检的哲学、管孩子的哲学、吃螃蟹的哲学。

受潘家铮院士论文的启发,在哲学教授冯俊先生的指导下,作者结合公路工程结构设计施工研究与实践工作,尝试从哲学角度重新梳理和认识公路工程结构设计施工方法论问题。其中特别学习研究借鉴了《毛泽东选集》(1~4卷)和《邓小平文选》(1~3卷)的方法论。

2.1 "钱塘江大桥"现象分析

茅以升先生主持修建的钱塘江大桥(图2.1)设计基准期为50年,是按照20km/h的速度设计的,原设计荷载铁路为E-50级(合中—21.5级),公路为H-15级(合汽—11.7级)。当时平均每天仅有150多辆汽车、5对火车通行。70多年过去了,列车运行速度可达120km/h,汽车运行速度也可达100km/h,汽车载重可至40~60t。按今天的标准来看,钱塘江大桥处于超期、超限、超载的服役状态。然而,该桥至今仍可正常使用。

图2.1 钱塘江大桥

钱塘江大桥70多年来能够正常使用的根本原因在于:能够确保力、变形及能量按设计路径传递或转换,避免了因不满足变形协调控制对结构稳定平衡的不利影响,保证了结构的实际使用状态与设计状态基本一致,从而确保桥梁始终处于稳定平衡状态。

2.2 "都江堰水利工程"现象分析

都江堰坐落在成都平原西部的岷江上,始建于秦昭王末年(公元前256—前251),是蜀郡太守李冰父子在前人鳖灵开凿的基础上组织修建的大型水利工程,由分水鱼嘴、飞沙堰、宝瓶口等部分组成,2000多年来一直发挥着防洪灌溉的作用,是全世界迄今为止年代最久、唯一留存、仍在使用、以无坝引水为特征的宏大水利工程,是中国古代劳动人民勤劳、勇敢、智慧的结晶。2008年5月12日,汶川地震给都江堰市造成巨大损失,但重灾地区的都江堰水利工程却安然无恙。都江堰水利工程针对岷江与成都平原的悬江特点和矛盾,充分利用当地西北高、东南低的地理条件,根据江河出山口处特殊的地形、水脉、水势,乘势利导,无坝引水,自流灌溉,使堤防、分水、泄洪、排沙、控流相互依存,共为体系,正确处理岷江与成都平原的矛盾,使其统一在一个大工程体系中,变水害为水利,实现了防洪、灌溉、水运和社会用水这一综合效益。它最伟大之处是建堰2000多年来经久不衰,而且带来越来越大的效益。都江堰的整体规划是将岷江水流分成两条,其中一条引入成都平原,既可以分洪减灾,又可以引水灌田,变害为利。主体工程包括鱼嘴分水堤、飞沙堰溢洪道和宝瓶口进水口。

都江堰水利工程治水哲学思想:都江堰(图2.2)源远流长、惠泽后代的奥秘除了巧夺天工的工程布局外,更主要的是遵循了"乘势利导、因时制宜"的治水指导思想,"岁必一修"的管理制度,"遇湾截角、逢正抽心"的治河原则,以及"砌鱼嘴、立湃阙、深淘滩、低作堰"的引水、防沙、泄洪的管理经验和治堰准则。都江堰工程在2000多年的运行中,充分发挥了工程潜能,以及人们在长期实践中积累的独具特色的宝贵经验,反映了治水先驱和广大劳动人民的智慧,充分证明了"实践是检验真理的唯一标准"的正确性。都江堰水文化的内涵反映在工程修建、维修、管理和发展的全过程,是人类社会发展的重要遗产之一。这也是联合国评定都江堰工程为世界重要文化遗产的重要原因。

a)   b)

图2.2 都江堰水利工程

2.3 "赵州桥"现象分析

赵州桥又名安济桥,建于隋大业(605—618)年间,是著名匠师李春建造。桥长64.40m,跨径37.02m,是当今世界上跨径最大、建造最早的单孔敞肩型石拱桥,也是世界造桥史上的一个创造。

赵州桥建成距今已1400多年,经历了10次水灾、8次战乱和多次地震。特别是1966年邢台发生7.6级地震,震中距桥仅有40多km,桥址附近的震级也达到4级以上,但桥并没有遭到破坏。又如1963年的大水灾,洪水曾淹到桥拱的龙嘴处,据当地的老人说站在桥上都能感觉到桥身晃动得厉害,但赵州桥依然安然无恙。据记载,赵州桥自建成至今共修缮8次。著名桥梁专家茅以升说,先不管桥的内部结构,它能够存在1300多年就说明了一切。

1979年5月,由中国科学院自然史组等四个单位组成联合调查组,对赵州桥的桥基进行了调查,发现自重为2800t的赵州桥,根基只是由五层石条砌成高1.55m的桥台,直接建在自然砂石上。这么浅的桥基简直令人难以置信。梁思成先生1933年考察时还认为,这只是防水流冲刷用的金刚墙,而不是承纳桥圈全部荷载的基础。他在报告中写道:"为要实测券基,我们在北面券脚下发掘,但在现在河床下约七十至八十公分(70~80cm),即发现承在券下平置的石壁。石共五层,共高一点五八公尺(1.58m),每层较上一层稍出台,下面并无坚实的基础,分明只是防水流冲刷而用的金刚墙,而非承纳桥券全部荷载的基础。因再下三十至四十公分(30~40cm)便即见水,所以除非大规模的发掘,实无法进达我们据学理推测的大座桥基的位置。"(引文中阿拉伯数字为引者括注,方便阅读。)

赵州桥(图2.3)的主拱由28道相互独立的拱圈并列而成,建桥时先砌中间的,再砌两边的,每道拱圈宽约35cm。每石长度不同,自70cm至109cm不等,各块条石之间用两个腰铁相连。每条拱圈坏了可单独修理,如外侧的拱圈易风化损坏,明代时桥西侧的5道拱圈塌落,在明清时重修(没有修复记录,可明显看出与中间的石料不同),1955年对东侧塌落的5道拱圈进行了重修。中间18道拱圈还是隋代建筑的。

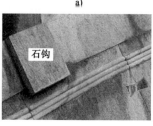

b) c)

图2.3 赵州桥

为了防止拱圈向外倾斜,还采取了以下方法:

①上窄下宽。为了防止拱圈向外倾斜,拱脚宽9.5m,拱顶宽9m。

②用9个铁连杆横向连接28道拱圈。在拱圈中用几根一头是孔、一头是钩的铁连杆将28道拱圈连起来,在最外边的拱圈处有一个铁冒头。主拱上共有5处铁拉杆,每个小拱上各有一个铁拉杆。

③用形似锯子的腰铁将各块石料加固,每块石料相连处用两个腰铁。

④用6个条石钩拉住外侧桥拱。以1.8m长,头部长出5cm曲尺形的条石放在桥拱的外

侧,利用伸出部分起到一个向内拉住桥拱的作用。因每道桥拱宽35cm,条石可压住外侧5道桥拱。但它的作用是有限的,如桥东西两侧的桥拱都曾塌落,两侧外边的5道桥拱都是后修的。1956年修缮时大桥拱顶采用钢筋结网加固处理。

2.4 公路工程结构分析难易程度排序

通常情况,公路工程结构分析难易程度是按照隧道、桥梁、边坡、路面四大类来排序的。不过,从综合研究分析的角度来看,隧道结构山体围岩存在相互作用关系,围岩与衬砌之间也进行了大量试验和理论研究,即使一些参数有误差,但对隧道结构安全影响不大,隧道结构建设完成运营后也很少有垮塌的;桥梁结构外部荷载相对明确,桥梁结构分析研究相对成熟,参数取值也较稳定,准确度较高,桥梁结构建设完成运营后部分有垮塌的;边坡结构山体岩土之间相互作用远弱于隧道结构,山体岩土参数分散性较大,虽然进行了大量试验和理论研究,但边坡结构分析仍有差距,边坡结构建设完成运营后有许多垮塌的;路面结构研究重点是材料和工艺,目前对路基路面之间的相互作用研究不多,路面结构受力变形规律研究也不充分,路面结构分析差距大,路面结构建设完成运营后有许多裂缝和破损,只是行车安全风险相对较小。从综合研究分析法来判断,隧道、桥梁、边坡、路面等结构分析难易程度排序是路面最难,然后依次是边坡、桥梁、隧道相对简单。实践证明,路面、边坡、桥梁、隧道结构建设完成运营后,存在裂缝和破损的原因就在此。这与人们通常认为的隧道最难,然后依次是桥梁、边坡,路面相对简单的排序刚好相反。

茅以升先生修建钱塘江大桥主要运用的是以理性分析为特征的组合思维+结构力学,李冰父子修建都江堰水利工程和李春建造赵州桥主要运用的是以理性直观为特征的顿悟或体悟式的整体思维。茅以升先生留学西方,兼顾东西方思维方式;李冰父子和李春主要是东方思维方式。他们尽管思维方法(手段)有差别或互补,但都围绕不同工程结构受力变形规律这个根本问题进行全面研究,最后都实现了目标。可见思维方式是手段,是变化的,可以通过相互学习和借鉴互补。也就是说,在实际工程实践中只要运用正确的思维方式,抓住工程结构受力变形规律这个根本问题的纲,就能较好地解决问题。

有些物质(沙子、水、淤泥等)组合成整体需要外部控制条件。公路工程设计施工先综合研究避免灾害和共同受力,再分析研究有利组合结构受力。例如,川藏公路是古代川藏线("茶马古道")的现代升级版。1950年年初,毛主席指示进藏部队"一面进军,一面修路",解放西藏。经过4年多的时间,川藏公路穿越横断山脉的二郎山、折多山、雀儿山、色季拉山等14座大山,横跨岷江、大渡河、金沙江、怒江、拉萨河等众多江河,横穿龙门山、青尼洞、澜沧江、通麦等8条大断裂带,战胜种种困难,修建完成。其工程的巨大和艰险,在世界公路修筑史上是前所未有的。受历史条件和经济、技术水平等多方面因素的制约,初建时的川藏公路修建时间短、工程等级低、施工粗糙,基本上属急造军路,加之沿线水文气象、地形地质条件十分复杂,各种山地灾害频繁爆发,故阻车、断通经常发生。从1985年开始,国家开始对川藏公路进行修治改造,基本上沿老路拓宽成三级公路。2012年,改建通麦天险这个"肠梗阻"工程开工,包括新建通麦特大桥、排龙沟特大桥和数座隧道,使原来20km多的危险路段减到5km多。2016年4月,以"五隧两桥"为主的川藏公路通麦段整治改建工程正式通车,川藏公路西藏境内举世闻名的通麦"卡脖子"路段成为历史,天险变通途。以前穿越川藏公路被称为"心灵在天堂,身体在地狱",现在则被称为"身体行走在天堂,心灵在天堂中净化"。作者自2002年起参加川藏公路改建工作,收集了大量资料和照片,进行了公路工程结构研究工作。图2.4为拉林高速公路,先综合研究了避免水毁灾害影响的路线和结构形式,再具体分析设计施工高速公路结构;拉林三级公路限于资金设备影响,无法避开水毁对路基的危害。图2.5为青藏铁路路基,采用了抵抗冻融措施,特殊地段以桥代路,消除冻融影响,保障铁路常年运营,但青藏公路路基抵抗冻融措施不足,路面出现许多病害。

a)

b)

c)

图2.4 拉林高速公路与三级公路比较

a)

b)

c)

d)

图2.5 青藏铁路与三级公路比较

拉林高速公路与三级公路应对水毁能力不同,公路状态稳定性也不同。图2.4显示拉林高速公路以桥代路或以较高路基避开河边,避免了水毁、翻浆、冻融等灾害。而对面或边上的川藏公路是沿河边的三级公路,路基较低,容易遭受水毁、翻浆、冻融等灾害。

青藏铁路与三级公路应对冻融能力不同,路基状态稳定性也不同。图2.5显示青藏铁路与青藏公路相隔很近。青藏铁路以桥代路或路基较高,且底部设置碎块石垫层,透风均温,有效抵抗了冻融、翻浆等灾害;而青藏公路路基较低,且底部没有碎块石垫层,容易产生冻融、翻浆等灾害。

著名力学家西奥多·冯·卡门(Theodore Von Kármán)说"科学是去发现已经存在的,而工程是要创造世界上从来没有的"。规律是固有的,只能通过观察、试验、统计等方式发现,工程建设必须符合基本规律。微积分、工程力学——单元组合Σ或$\int$微分间存在隐含保持原始整体的联系(容易忽视),即变形协调控制,但部分工程结构不完全满足变形协调理论,需要控制手段。工程结构问题——工程力学手段,结构构造之间存在有效联系,必须满足变形协调控制;特别是复杂工程结构问题既要研究外部影响、本体问题,又要研究内部矛盾、联系问题。因此,工程结构设计中结构构造之间的有效联系必须保持变形协调控制。

当工程结构组织结构合理,即满足变形协调控制,单元A_i,…,组织节点x_i,…的受力变形状态是协调的。工程结构在受力过程中,其材料性质和微观结构是不变的,符合应用微积分和工程力学的条件,可应用工程力学解决工程结构受力变形问题。

当工程结构组织结构不合理或有差距,即不满足变形协调控制,单元A_i,…,组织节点x_i,…的受力变形状态是不协调的。在受力过程中,工程结构的材料性质和微观结构会发生变化且变化方式及规律未知,不符合应用微积分和工程力学的条件,如果应用工程力学解决工程结构力学与变形问题就会出现偏差甚至错误。工程结构设计施工要综合采用整体控制与细节把握的方法,也就是当工程结构状态处于亚稳定平衡时,通过工程结构构造措施规范、类比、试验来设计合理结构构造或采用辅助措施,以控制工程结构受力变形状态的稳定性,把"亚稳定结构"转换成"稳定结构"后,再应用工程力学解决工程结构力学与变形问题。例如,图2.6为公路防护措施不到位或有误,致使路基状态稳定性不足,容易引发交通事故。图2.7为公路采用明洞或棚洞防护,避免崩塌或溜砂坡的危害。也就是说,只有研究了事物的规律性,才能正确把握治理公路灾害的方法,进而才能正确设计公路结构,并进行施工。

a)   b)

图 2.6

图2.6 几种容易引发交通事故的公路路基

图 2.7 采用明洞或棚洞防护的公路

公路路基状态稳定性不足,容易引发交通事故。图 2.6 显示川藏公路改建等级低或不到位,沿河边容易发生水毁等灾害,沿山边容易发生坍塌、冰凌等灾害,高海拔段路基较低的地方容易发生冻融、翻浆等灾害,甚至因设计不合理容易产生意外损坏等。

公路采用明洞或棚洞防护,避免崩塌或溜砂坡的危害。图 2.7 显示川藏公路改建提高标准,甚至采用隧道、明洞等,避免了许多意外灾害,利于确保公路畅通。

例如,2008 年,汶川地震严重破坏地区超过 10 万 km^2,是中华人民共和国成立以来破坏力最大的地震,也是继唐山大地震后伤亡最严重的一次地震。其中房屋的损失很大,民房和城市居民住房的损失占总损失的 27.4%;道路、桥梁和其他城市基础设施的损失占总损失的 21.9%。5 月 16 日,作者参加了以青川县为中心的广元市的交通救援工作,后来又部分参加了青川县公路重建工作,收集了大量资料和照片,进行了深化研究,发现铁路、高速公路都在运输救灾物资,而许多等级相对较低的国、省道和农村公路需要清理和疏通,甚至需要架设战备钢桥;乡镇墙板结构房屋基本垮塌并出现人员伤亡事故,而框架结构房屋有的损坏,有的局部开裂,但没有伤亡事故,甚至被山上滚落的一层楼高的巨石冲击,也只是损坏墙体。救援工作结束后,作者去都江堰输水工程考察地震破坏情况,除局部损坏修补外,都江堰输水工程正常运行。后来作者去日本、智利考察地震破坏情况及震后工作,发现他们也是在总结前期地震影响工程结构经验教训的基础上,逐步改进工程结构,工程结构才有了更好的抗震性能。比如工作人员介绍,智利地震发生(8级)时,街边人员都躲进房屋以避免落物伤人;而我国地震发生时,却将房屋内人员疏散到空旷地带。其差别就是桥梁、房屋等工程结构抵抗地震能力不同。举例描述如下:

海地与智利地震建筑物破坏情况对比如图 2.8 所示。

a)海地总统府不合理结构的破坏情况

b)智利合理房屋结构的轻微破坏情况

图 2.8 海地与智利地震建筑物破坏情况

汶川地震建筑物破坏情况对比如图 2.9 所示。

a)汶川地震中框架结构房屋遭巨石撞击基本完整

b)汶川地震中墙板结构房屋完全破坏

图 2.9 汶川地震建筑物破坏情况对比

地震后隧道进口(山体地形对称)与出口(山体地形偏压)衬砌情况对比如图 2.10 所示。

其核心是工程结构构造合理性和地质环境适应性,使得结构始终处于"稳定平衡与变形协调控制"状态,即受力安全状态。

a) 隧道进口（山体地形对称）衬砌基本完好

b) 隧道出口（山体地形偏压）衬砌开裂

图2.10 地震后隧道进口与出口衬砌情况对比

通过对汶川地震区公路隧道实地考察和媒体隧道图片进行分析，发现一些共性和规律，并提出地震区隧道抗震设计与加固方法的初步建议，供设计、施工、决策者参考。

1. 建议

1) 山体地形对称

在隧道进出口穿越山体地形对称的情况下，地震波传播过程相对简单和均匀，隧道受力也相对简单和均匀，衬砌较完好（图2.11、图2.12）。

图2.11 剑阁县剑门关隧道进口（山体地形对称）　　图2.12 青川县酒家垭隧道进口（山体地形对称）

2) 山体地形偏压

在山体地形偏压（图2.13、图2.14）情况下，一方面边坡会使地震波传播过程变得更为复杂,导致坡体内出现局部应力集中;另一方面边坡的临空条件会导致坡体内出现短时的局部拉张应力。这种局部应力集中和拉张应力,会对隧道等地下工程结构造成损坏甚至破坏。

如图 2.14 所示,金子山隧道的山体地形偏压较小,地震影响相对小些,其横向裂缝部位用梅花形锚杆加固,裂缝用环氧树脂封堵即可。

图 2.13 剑阁县金子山隧道进口(一)

图 2.14 剑阁县金子山隧道出口(二)

图 2.15 ~ 图 2.17 所示为酒家垭隧道,其山体地形偏压较大,山体又破碎,地震影响较大,其进口衬砌应该逐渐改造成钢筋混凝土结构。

图 2.15 青川县酒家垭隧道进口(山体地形偏压)

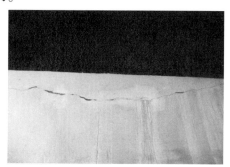

图 2.16 青川县酒家垭隧道进口结构造成损坏甚至破坏(一)

图 2.18、图 2.19 所示为三盘子隧道,山体地形偏压较大但山体较完整,地震影响中等,其横向裂缝部位应用梅花形锚杆加固,并挂钢筋网,喷 5cm 混凝土。

图 2.17 青川县酒家垭隧道进口结构造成损坏甚至破坏(二)

图 2.18 青川县三盘子隧道进口(一)

图 2.20 为 G317 草坡隧道洞口,山体地形偏压较大,地震作用导致山体破碎部分基本坍塌,影响隧道洞口桥隧结构。

图2.19　青川县三盘子隧道出口(二)　　　图2.20　G317 草坡隧道洞口(山体地形偏压)

如图2.21 所示,宝成铁路109 号隧道洞口地震作用导致山体坍塌,致使油罐列车起火,并引起爆炸,导致隧道衬砌完全毁坏和局部围岩坍塌。保通与加固处理办法如下:①采取既有线恢复与改线并行的抢险方案。既有线加固防护方案有利于迅速通车,满足救灾物资运输的需求。但既有线受灾后,恢复方案只能是临时的,为了保证线路长久运营必须进行改建。改线方案采用短隧道取直进行,其位置在109 号隧道嘉陵江对面,改线全长2.08km 左右,由一个隧道和两个桥梁组成,双跨嘉陵江。其中,隧道长度为860m,第一跨江桥梁长度为248m,第二跨江桥梁长度为140m。②隧道内受地震火灾影响破损一般的地段采用喷锚加固,严重地段采用架设钢拱架、喷锚加固等综合措施处理。③隧道外加固塌方山体,隧道内清理损毁车体、挂网喷浆加固等多项工作立体交叉,全面推进。地震后2 个月,修复变形隧道、加固断裂顶梁、抢建防塌棚洞等工作已全面完成。

a)　　　　　　　　　　　　　　　b)

c)

图2.21　宝成铁路109 号隧道抢险与加固

图 2.22 剑阁县新建剑门关隧道出口(山体崩塌)

3)特殊问题

如图 2.22 所示,新建剑门关隧道出口在山体崩塌区域,山体较薄,受地震影响较大,其衬砌应该逐渐改造成钢筋混凝土结构。

如图 2.23 所示,新建剑门关隧道中部山体破碎与渗水,由于地震作用,浅埋段山体开裂,其设计修改为挖除浅埋段山体,整体对称用黏土回填,地表用砌体铺筑,解决浅埋段山体漏水问题。

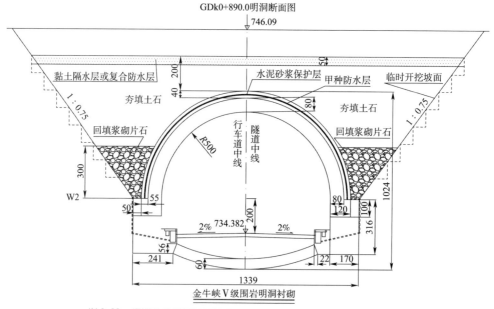

图 2.23 剑阁县新建剑门关隧道中部(山体破碎与渗水,尺寸单位:mm)

2. 启示

中国革命"三大法宝"在工程应用中的启示为:统一战线对应于结构各部分共同受力、武装斗争对应于结构受力平衡稳定、党的建设对应于主体结构主力和组织附属部分受力。因此,工程结构共同受力和主体结构主力与组织作用非常重要。例如,面对地下工程穿越复杂工程环境和不良地质条件地段导致的地下工程施工中的坍塌、渗漏水、地层变形过大等施工难题,按照工程结构变形协调控制方法,根据岩土体(围岩)的不同状态,采用不同的结构措施来有效控制地下工程预先,或及时,或固有形成的有效承载结构层,使得岩土体与支护结构形成共同受力变形的稳定组合体系,任何部分岩土体(围岩)都起到平衡地下结构体系的作用,把结构承担的荷载或负担转变为起到结构平衡作用的抗力或资源,合理发挥岩土体的自承能力。这样,结构+岩土体(围岩)就能共同受力,达到平衡稳定(对应于统一战线),其中结构或岩土体起到主力和组织作用(对应于党的建设),有效发挥围岩共同受力作用,把结构承担的荷载或负担转变为起到结构平衡作用的抗力或资源,合理发挥岩土体的自承能力。

工程结构任何部分都应看作资源而不是负担,在现有力学基础上,实现通过合理结构构造发挥任何部分的作用达到稳定平衡的较好途径就是结构变形协调控制方法。

冰、雪、水、水蒸气等的成分都是 H_2O,但它们的结构构造不同,受力平衡稳定状态也不同,其中冰是近似稳定平衡状态,雪是近似亚稳定平衡状态,而水、水蒸气是近似不稳定平衡状态。如果雪、水、水蒸气采用容器控制其受力平衡稳定状态,同样可以处于稳定平衡状态。自然,它们有不同状态就有不同的分析方法,这种分析方法既立足于力学方法又跳出力学思维,而思考工程结构分析的哲学、力学、控制等综合分析方法犹如立足于行业又跳出行业,可更好地谋划行业发展。

凡是涉及与地层相互作用的工程结构,如隧道、基坑、边坡、软土路基等,采用有效工程措施维持地层原始受力变形状态是最经济的解决方法。凡是涉及满足合理结构或变形协调控制条件有差距的工程结构体系,如工程结构处于亚稳定平衡状态时,工程结构设计施工综合采用整体控制与细节把握的方法最经济。上述两类情况都是通过工程结构构造措施规范、类比、试验来设计合理结构构造或采用辅助措施的,也就是采用变形协调控制方法来控制工程结构受力变形状态的稳定性。凡是涉及地层水毁的工程结构,如山区河流桥梁基础冲刷、溪沟冲刷引起的工程水毁问题等,采用有效工程措施控制水的流量、流速、冲刷时间等是最经济的解决方法,即借鉴冲量定理理念,就可找到宏观控制水毁的关键因素,构建有效工程措施就能解决冲刷或水毁问题。例如,我国 20 世纪 80—90 年代修建的许多山区公路隧道通过缩短隧道长度,形成洞口路堑边坡方案,达到节约资金的目的,但也形成了图 2.24 所示的隧道洞口边坡滑坍风险的现象;经过约 20 年运营出现险情后,采用图 2.25 所示的延长明洞方案,达到共同受力要求,防治了山体坍塌。

a) b)

图 2.24 隧道洞口边坡出现块体滑坍风险的照片

为什么许多软土地区宕渣路基桥头跳车问题只能改善,少有根治呢?关键是两点没有解决好:

(1)软土地区路基特性

①触变性:软土一经扰动,结构被破坏,强度迅速降低或很快变成稀释状态。所以软土地区宕渣路基受震动荷载后,易产生侧向滑动、沉降及其底面两侧挤出等现象。

②流变性:是指在一定的荷载持续作用下,土的变形随时间而增长的特性,其长期强度远小于瞬时强度。这对路基、边坡、堤岸、码头等的稳定性很不利。

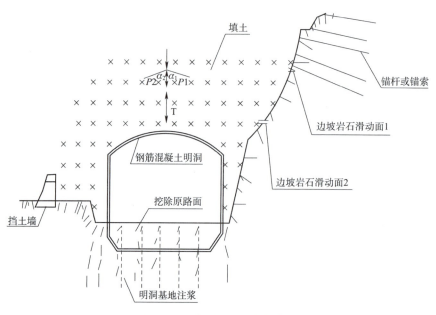

图 2.25 延长明洞方案示意图

（2）路基设计规范

①主固结是在侧限条件下受压后,孔隙水逐渐排出而引起的压缩过程(施工阶段压缩沉降)。

②次固结是在侧限条件下受压后,主固结完成后土体积仍随时间增长而减小的过程,也可以理解为土的流变变形(施工后长期压缩沉降)。

③总沉降 $S = mS_c$（m 为沉降系数 1.1~1.7,S_c 为主固结沉降）,由于软土流变的影响,次固结沉降很长时间才能稳定,其值也远大于沉降系数范围。

针对上述问题,作者团队国内外首次采用软土流变下限阈值控制软土地区宕渣路基施工后沉降,按照团队国内外首次创建的结构变形协调控制方法改进软土地宕渣路基设计方法:①如果软土流变下限阈值大于软土地宕渣路基底部应力值,则可控制软土地宕渣路基施工后沉降;②如果软土流变下限阈值小于软土地宕渣路基底部应力值,则要采取工程措施,如轻质路基、宕渣路基增设下隔板或加框格等与桩过渡组合技术,才能将公路软土地宕渣路基工后沉降控制在允许范围之内,达到解决软土地宕渣路基道路桥头跳车问题的目的。

作者团队通过十余年的努力,成功解决了 9 条道路桥头跳车问题(宁波北仑、镇海各 1 条,嘉兴 7 条),并获得多个国家授权发明专利,国内外出版多本著作,浙江省技术经纪人协会以孙钧院士为组长的鉴定委员会认定研究成果总体达到国际先进水平,《中国交通报》和《交通旅游导报》在要闻版对此进行了报道。

例如,如图 2.26、图 2.27 所示,针对现有软土地区路基分析与处理方法存在的两个问题,传统软土地区路基分析理论采用确定性方法(弹簧、黏壶、滑块等)模拟软土地区路基(颗粒)不确定性移动特性,并且国际上普遍认为软土地区路基之力计算较准确、变形计算误差较大,与函数关系 $y = f(x)$ 矛盾。虽然理论逻辑严谨,但不符合辩证思维,只有技术上控制软土颗粒规则移动,即简易地控制路基整体性,软土地区路基变形计算结果才能在工程允许范围之内。在总结经验和辩证思考的基础上,围绕控制软土地区路基受力变形状态整体性和软土流变引起的不稳定连续沉降量等指标改进软土地区路基设计。按照结构变形协调控制方法改进软土地区路基设计方法,设计中控制路基受力变形状态整体性和纵向过渡性,其关键技术是控制路基施工后沉降的底板或框格和纵向过渡性桩基。其中,桩的纵向过渡长度与桥头路基渐变高度相关,轻质材料要注意分层整体性控制和汽车荷载均匀分布结构层控制,这样就能够控制桥头路基施工后沉降在工程允许范围之内,达到治理软土地区路基公路桥头跳车问题的目的。

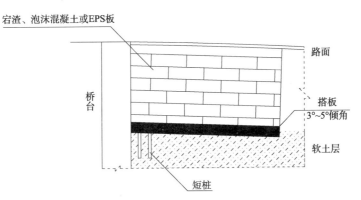

图 2.26 控制路基施工后沉降的底板或框格和短桩

桥头软基处理纵断面

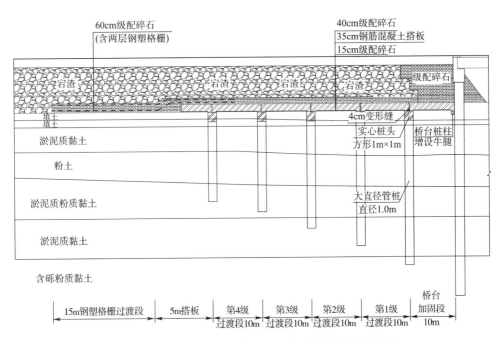

图 2.27 控制路基施工后沉降的底板或框格和纵向过渡性桩基

第3章 综合研究分析法

毛泽东在《论持久战》中,首先全面分析世界和中日形势,认为中国不会亡,最后胜利是中国的。进而又提出,中国不能速胜,抗日战争是持久战。他认为,要取得胜利,第一是中国抗日民族统一战线的完成,第二是国际抗日统一战线的完成,第三是日本国内人民和日本殖民地人民的革命运动的兴起。在上述三个条件中,中国人民的大联合是有主观愿望的,也是主要的。毛泽东在这里运用的是"综合研究分析法",综合研究解决了抗日战争的战略问题,为国民赢得抗日战争增强了信心,为具体战役指明了方向。这种综合研究分析法也可以运用到工程力学和公路工程结构设计、施工中。

工程力学是建立在材料性质和微观结构确定的基础之上的,但是部分工程结构在受力过程中材料性质和微观结构会发生变化且变化方式及规律未知,如不利构造或柔性压弯构件、破碎围岩、软土地基等组合工程结构,因此,应用工程力学解决工程结构问题是有条件的。也就是先进行综合研究,当工程结构不满足上述条件时,采用工程措施控制工程结构受力变形状态,再进行工程力学分析。例如,土力学奠基人太沙基晚年总结说,"土力学与其说是科学,不如说是技术。合理完成土工工程方面的设计、施工就是最大的目的,数学、力学不过是手段而已";又如西方经济学理论解析不了西方工业化历史,也解析不了中国改革开放的成果,90%的经济学理论的内容,只是限于许多经济学家的数学工具而已,不接地气,企业家更不好应用。因此,综合研究与分析方法是分不开的,解决公路工程结构问题需在综合研究的基础上,进行数学、力学分析,这样才能更好地抓住工程结构受力变形规律这个根本问题,为正确解决公路工程结构问题提供保障。

公路工程结构服务于国家经济社会发展需要。在穿山越水过程中必须要承受严酷自然环境和复杂地质水文条件以及循环荷载等作用的线形工程结构,其设计施工必须针对工程结构功能进行综合研究,把握整体与局部的关系,解决实际问题。

3.1 综合研究(战略问题)

综合研究应熟悉环境和荷载,发挥组合结构支承能力:

①确定态势(确定物体运动状态与趋势、转化不确定性因素为确定性问题)。

②控制危害(最小耗能原理、传力介质合理性、变形协调控制、顺应自然与改造自然)。

例如,川藏公路排龙天险段,山上有亚稳定状态天池,有时会有水流冲击下来,危害公路安全,如墨竹工卡滑坡、102滑坡;山下存在路窄、急弯、危岩、滚石、崩塌、滑坡、泥石流等山地灾害,是阻车断通最严重的"盲肠"路段。历史上缺乏综合研究,以保通为前提,在原路上进行改造,未从根本上解决问题。2012年,通过综合研究,改建了排龙四个隧道与帕隆和通麦特大桥,避免了路窄、急弯、危岩、滚石、崩塌、滑坡、泥石流等山地灾害,使昔日的天险和事故多发路段变成了坦途,这是综合研究解决公路工程结构复杂问题的案例。

图 3.1、图 3.2 显示的是川藏公路改建前资金少导致的设计等级低和不到位等问题,进而导致水毁、坍塌等灾害,行车险象环生。项目工程分布示意图如图 3.3 所示。

图 3.1　飞机上拍摄的高山上存在部分亚稳定状态的天池

图 3.2　川藏公路改建前部分行车危险路段路况

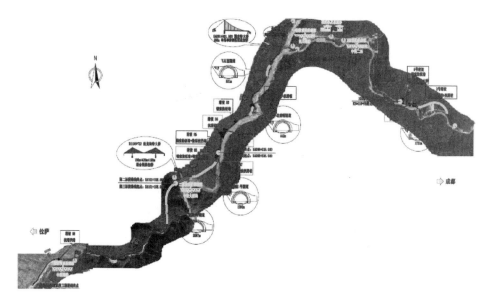

图 3.3 项目工程分布示意图

图 3.4 显示了川藏公路排龙段修建大跨度桥梁,横跨帕隆藏布江,避免了以前小跨度、桥梁容易被冲毁的问题。

图 3.4 川藏公路改建后部分行车通畅路段路况

图 3.5 显示,川藏公路排龙段修建隧道或棚洞前,公路在河边山体展线,既窄又行车危

险;修建隧道或棚洞后,公路穿隧道或棚洞而过,避开了既窄又行车危险及在河边山体展线的问题,确保公路畅通。

图 3.5　排龙几座隧道或棚洞改造前后路况和应对灾害能力对比

3.2　分析法(战术问题)

分析法应注重组合结构承载合力大于外力,达到稳定平衡。其中,工程结构受力变形状态稳定平衡与变形协调控制是关键;18世纪前工程结构无力学计算,经典工程结构借鉴很重要;工程结构设计施工中的力学平衡问题只是辅助计算与校核而已。

例如,某桥上部结构采用 $4 \times 20m$ 预应力混凝土简支空心板,桥面连续;下部结构采用圆柱式墩台及桩基础。桥型布置如图3.6a)所示,图3.6b)给出了桥梁标准横断面。大件运输车辆30轴,每轴20t,轴距1.5m,总质量600t。

具体加固改造措施如下:
①对在运输过程中不满足应力要求的梁板采用梁底安设防脱锚钉,再浇筑5cm厚MPC复合材料进行加固;
②桥面铺装拆除重建,梁板铰缝凿除后采用高强灌浆料重新浇筑,并采用植筋进行加强。

某桥加固改造构造如图3.7所示。
对比加固改造前后结构主拉应力计算,结果如图3.8所示。

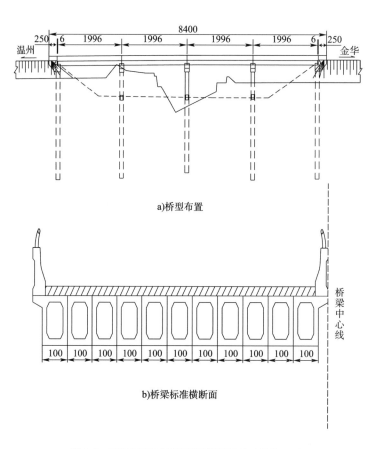

图 3.6 桥型布置及桥梁标准横断面(尺寸单位:cm)

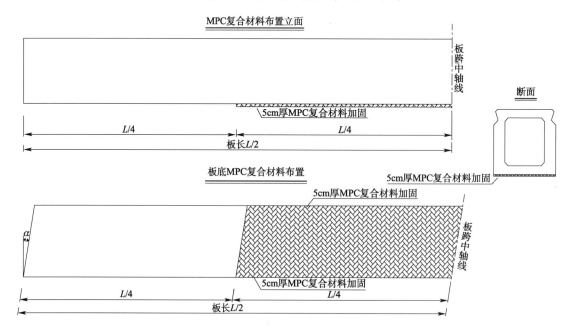

图 3.7 某桥加固改造构造

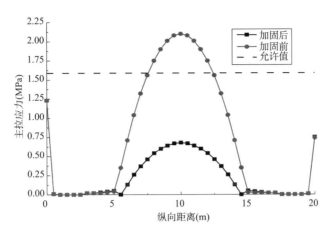

图 3.8　加固改造前后主拉应力对比

在特种荷载的作用下,加固改造前梁板结构跨中底部的拉应力超限(如图 3.8 中水平限值所示);对于加固改造后的跨中梁板,特种荷载作用下梁底主拉应力比不加固时小,且拉应力小于规范规定值。

总之,20m 简支空心板梁结构竖向刚度相对较小,只适应普通公路一般交通量标准荷载以内车辆作用,不适应干线公路桥梁经常承受大交通量重载甚至部分超载作用。这与干线公路 20m 简支空心板桥梁经常承受大交通量重载甚至部分超载作用下,很容易损坏或断裂甚至影响运行安全的情况相吻合。这是分析法解决公路工程结构具体问题的案例。

第4章 复杂问题简单化

现代工程问题越来越复杂,必须从工程概念出发,抓住问题的主要矛盾或矛盾的主要方面,建立反映整体受力状态的模型,再用现代数学、力学工具详细分析具体工况条件下的工程力学行为,将复杂问题简单化,保证分析结果既能满足工程精度要求,又能反映工程系统的力学规律。

4.1 复杂问题简单化是工程问题力学分析的重要方法

实践中,应区分主次矛盾,抓住问题的主要矛盾。一个经典的例子是材料力学中的梁理论。材料力学是研究杆、梁、柱等材料构件受力状态的理论,是在固体力学的基础上通过合理的近似假设,将问题简化而发展起来的,对于多数工程问题已有很好的精度。例如,伯努利梁理论通过引入平截面假定,大大简化了梁的力学计算问题,既避开了复杂的数学公式,又能得到符合工程要求的近似解,实现了复杂问题简单化的目的。

4.2 实现复杂问题简单化,应做到整体控制与细节把握的统一

从辩证法的角度看,虽然主要矛盾居支配地位,对问题的解决起主导和决定作用,次要矛盾居从属地位,对问题的解决起次要作用,但二者之间既有区别又有联系,具有相互依存、互为存在的关系。矛盾的主要方面决定着次要矛盾的解决,次要矛盾不能处理好也将影响主要矛盾的解决。例如,在边坡体上修建隧道,必须首先保证边坡整体稳定,这是问题的主要矛盾,否则"皮之不存,毛将焉附";隧道围岩的稳定是次要矛盾,但开挖过程的施工控制反过来影响边坡的稳定。

事实上,采用传统力学知识,如理论力学、材料力学、结构力学等分析工程结构受力(内力)变形状态,可以抓住工程问题的主要矛盾;而现代力学,如连续介质力学是由质点应力应变状态通过连续积分求解结构受力(内力)变形状态,隐含假设介质质点充满空间,并且从质点或者微分段的应力应变状态到整体系统的受力(内力)变形状态的积分切实可行,这种计算结果是平衡的。如果同时考虑合理结构的"变形协调控制"和"能量合理转换"假定,采用现代力学,如连续介质力学求解结构受力(内力)变形状态,就能始终处于稳定平衡状态;这也是合理结构复杂问题简单化过程中,利用传统力学和现代力学相结合的方法研究工程问题时,引入系统"变形协调控制"和"能量合理转换"的目的。

4.3 复杂问题简单化是有条件的,保持系统稳定平衡是关键

大量实践证明,"变形协调控制"和"能量合理转换"是构建合理结构体系和工程结构

分析的基本要求。例如,古代建筑物大多以木材或砖石材料建造,虽然这类材料强度低,构件之间接缝多,但古代工匠能因地制宜地选择地质条件好、受力合理的结构形式,造就了一批亘古不朽的优良建筑,距今1400多年的赵州桥即是此类经典。这些古建筑在朴素的力学思想的指导下,自然满足"变形协调控制"和"能量合理转换"等条件,是其至今存世的重要原因。反观现代建筑物,它们大多以钢材、钢筋混凝土材料建造,这类材料强度高,各种连接构造多,但至今各类工程事故仍时有发生,究其原因,主要是忽略了系统稳定平衡,不满足"变形协调控制"等基本要求。对于以静态或动态连续介质力学等为代表的现代设计力学理论,研究其结构受力(内力)变形状态,只有结构满足"变形协调控制"和"能量合理转换"等条件,才能满足建筑物建造或使用过程中符合结构初始设计受力(内力)变形要求,也就是满足力的合理传递或转移路径要求。不管是地面工程还是地下工程,只要与岩土体共同作用,达到"稳定平衡与变形协调控制",研究工程结构"较优解"的基本条件可扩充为"充分发挥岩土体的自承能力"和"基本维持岩土体的原始状态"。

川藏公路滑坡木棚架改造治理可提供一个工程稳定平衡的直观实例。20世纪50年代,川藏公路西藏段滑坡整治时采用了木棚架加固,时过50年,木棚架已局部腐烂,并发生了一定程度的挤压变形(图4.1)。滑坡处于临界平衡状态,是一种不稳定平衡。对这些滑坡路段的改造治理,存在"先拆除木棚架再打抗滑桩"和"先打抗滑桩再拆除木棚架"两种施工顺序,对于采用何种方案存在不同意见。

图4.1　川藏公路西藏段滑坡木棚架治理原状

应用稳定平衡思想,拆除木棚架将解除木棚架对边坡的支撑力,对边坡是一种扰动。当边坡处于不稳定平衡状态时,这种扰动会导致边坡失稳,造成滑坡事故。因此,尽管先拆除木棚架可方便机械施工,仍不应采用"先拆除木棚架再打抗滑桩"的方案。采用"先打抗滑桩再拆除木棚架"的方案基本能使滑坡体处于原始临界平衡状态,把握性大且所需支撑力小,仅机械施工不方便。

图4.2采用的就是"先打抗滑桩再拆除木棚架"的施工顺序,取得了很好的工程治理效果。但如果采用"先拆除木棚架再打抗滑桩"的方案,势必造成上边坡的变形破坏,导致岩土体的力学性质恶化,既威胁坡脚抗滑桩的安全施工,又要增大抗滑桩因抵抗边坡岩土体性质恶化所引起的坡体抗滑力减少带来的风险。这个例子集中体现了平衡稳定理论提出的"基本维持岩土体的原始状态""变形协调控制""强预支护""能量合理转换"等指导思想,仅通过施工顺序的调整就收到了"四两拨千斤"的效果。

图4.2　川藏公路西藏段原木棚架支挡的滑坡治理

4.4 典型案例分析

结合几个工程实例阐述复杂问题简单化分析理念的应用,抛砖引玉,供读者参考。

(1)地下开挖如何保护地表建筑

传统的土力学变形计算一般将土体视为弹性体,而稳定性计算将土体视为刚塑性体。事实上,岩土体并非理想的弹塑性体,其力学效应也不是静态的,而是和时间、过程相关的。因此,岩土工程分析中,用简化的力学模型去描述复杂的工程问题,将工程问题转化为力学、数学问题求解,首先要保证模型抽象在工程概念和力学原理上是正确的。

地下开挖保护地表建筑物(群)的典型案例示意图如图4.3所示。长形建筑物(群)由于特殊的工程尺寸,很难保证在开挖方向的协调变形。在开挖工程中,地面的不均匀变形容易引起建筑物的损坏甚至倒塌,并且由于建筑物地下岩土层在开挖方向工程尺度大,利用传统的弹塑性模型分析会产生较大的误差,即采用稳态的力学模型去模拟非稳态的岩土体的时候会产生误差。

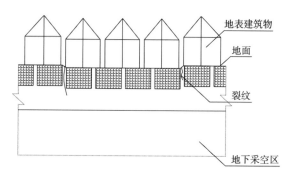

图4.3 地下开挖如何保护地表建筑物(群)示意图

为了将该问题简化,同时减小力学模型简化产生的误差,通过"化整为零"的方法减小各个计算单元的分析误差,进而减小整体误差,达到控制地表建筑物协调变形的目的。具体的做法如下:

①增加变形缝,把长形建筑物分段,每段长度控制在20m以内,或者把复杂建筑物分成几个部分,每部分长度同样控制在20m以内。

②增加钢锚固拉杆、钢筋轻拉杆、钢筋轻圈梁或锚固板等措施,增加各个分段的刚度以抵抗约束力。

通过以上措施,利用变形缝控制地表建筑的协调变形,能够有效释放因为地下开挖产生的次生应力,增加了系统对工后沉降的调整能力;分段加固的方案可以增加各分段的刚度,抵抗建筑物的约束力;而在各个分段内仍可利用传统力学方法进行分析,实现了复杂问题简单化的目的。

(2)软土地区路基"下隔上封"措施

关于路基"下隔上封"的具体设计理念,这里不做详细介绍,主要从复杂问题简单化分析思维的角度对其措施进行介绍。软土研究中,固结和次固结的现有方法并不完善。软土是一种三相体系介质,以土颗粒作为基本骨架,水和气体填充其中。由于三相介质之间的相互作用,应力应变关系非常复杂。变形取决于加载时的应力状态,而且和加载历史有关。

从变形上看,软土在载荷作用下具有固结特性和流变特性。固结是超孔隙水压力消散的过程,流变是土体颗粒骨架变形过程,两者相互耦合产生软土地区路基的沉降。在沉降前期,软土的变形主要由固结和次固结流变共同作用引起,以固结为主,流变为辅。在沉降后期,软土地区路基会在固结和次固结流变作用下发生进一步沉降,但是主要以流变为主、固结为辅。因而,现有主固结沉降乘以系数来计算总沉降的方法是不合理的。忽略固结和流变,任何一种特性及其耦合效应都将造成计算结果不准确。

从受力上看,软土地区路基受到自重等静载荷和车辆动载荷的共同作用。自重属于半无限线载荷,即在桥头方向具有受力边界,而在行车方向无限延伸的均匀载荷;车辆的载荷属于点动载荷,载荷的幅值根据行车质量变化,加载点的位置根据行车速度变化。动载荷在总荷载中所占的比例又根据车重和路基高度的变化而变化,因此整个受力情况比较复杂。

从传力介质上看,路基属于土石混合体结构。在受力过程中会发生结构的变化,同时产生传力路径的改变。因此,软土受力并非理想中的连续均匀受力。

要想综合考虑上述变形、受力、传力三方面的复杂因素,并且从力学上彻底解决路基沉降问题是非常困难的。此外,即使考虑了软土的固结和次固结流变特性,但现有的力学分析方法往往通过提出黏弹塑性模型的方式进行等效模拟,此类等效模型一般通过弹簧、黏壶和滑块的组合来实现。在这个过程中,已经隐含假设了软土地区路基处于平衡稳定状态,与实际情况不完全符合。同时,单纯软土介质属于连续介质,"变形协调控制"自然能够满足,所以利用简单的弹簧、黏壶、滑块的组合模型产生的误差在工程允许范围内。此类模型广泛地应用在机场建设方面,并取得了成功。但是对于桥头软土地区路基而言,由于加入了长短桩基础或者注浆等措施来增加强度,整个软土地区路基并非完整连续的统一体,此时再简单地利用弹簧和黏壶组合黏弹塑性模型来进行力学分析而不考虑"变形协调控制",往往会产生很大的误差。

为了应用复杂问题简单化的原理系统地解决上述问题,可以先采用黏弹塑性模型来分析软土地区路基的固结和流变特性;然后在此基础上,按照"变形协调控制"和"能量合理转换"的原则加入附加支撑(如长短桩、浮力管、注浆等),考虑软土地区路基的整体受力变形状态。这样,解决问题的主要矛盾就转化为如何利用模型来考虑软土的固结和流变特性。矛盾的两个主要方面包括:

①宕渣路基属于混合体,导致了软土受力方式的复杂性。

②软土的力学行为比较复杂,具有流变和固结特性,且两者相互耦合,同时软土属于不稳定介质。

针对以上两个矛盾的主要方面:首先,可以通过"下隔上封"的措施进行设计。上封措施主要控制降雨对路基的冲刷和侵蚀。下隔措施可以防止毛细水的入侵,但其主要作用是控制路基的整体变形,防止局部应力过大,提高混合体路基整体变形协调控制能力,这样可以有效地降低软土流变作用的影响。其次,对软土进行适当加固处理,提高软土的流变阈值,将应力控制在流变阈值以内。

对于软土层厚度大、土质差的软土地区路基而言,要有效推广软土地区路基"下隔上封"措施与类似的其他工程措施以及开发新措施、新工艺,关键是结构整体受力与共同变形的力学要求。软土地区路基密实,离散体变形不可准确预测及控制,虽然路基整体稳定但是局部可变形,那么这种路基设计的常规力学计算就会出现偏差,应该引起重视。

建议在软土地区路基设计与施工以及管理中做好以下三项工作:

①根据荷载等级不同,因地制宜地开发符合力学要求的路基下隔有效措施,确保路基受力与变形状态不受软土地区路基流变性影响,有利于路基沉降均匀稳定和路面受力合理;

②路基搞好上封层和排水结构,有利于路基不受水分影响并且黏结密实;

③对软土地区路基做适度的处理,改善软土地区路基的固结和流变特性。

案例(1)、案例(2)的核心是采用了对应工程措施和复杂问题简单化的理念,将工程结构复杂受力(内力)变形状态转换为工程结构简单受力(内力)变形状态,使得复杂工程结构在建造或使用过程中符合结构初始设计受力(内力)变形状态,确保系统的稳定平衡。

(3)河底隧道抗浮设计

隧道工程经常需要通过淤泥质河床。由于淤泥的流动特性,当埋设深度不足、隧道上方覆土厚度不大时,容易产生隧道的上浮现象。如果从单一的隧道思考,系统地解决此类问题涉及淤泥土的流变本构方程、隧道与淤泥土之间的相互作用、隧道间距等,分析计算非常复杂。

采用复杂问题简单化的思路,利用系统"协调变形"和"能量合理转换"的理念,可以采取图4.4所示的设计防止隧道上浮。通过注浆加固和设置抗浮钢筋混凝土板的方式,控制单一隧道的局部变形,确保隧道系统的整体协调变形。同时,利用抗拔桩抵抗隧道在淤泥土介质中的浮力。

(4)地下洞室上方的高层建筑基础处理

在大厦核心筒之下离地表约43m,离地下5层地板面约25m深处有防空坑道横穿建筑物。高层建筑基础与下部洞室的相互作用容易造成上部建筑失稳或下部洞室损坏的情况。为了有效地解决工程问题,可采取如图4.5所示的措施处理高层建筑基础。

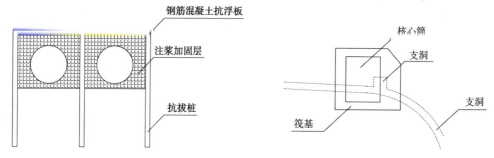

图4.4 河底管道抗浮设计示意图　　图4.5 地下洞室上方的高层建筑基础处理示意图

在核心筒四周建造筏基,上部采用稀疏框架结构,下部采用短桩和厚片筏基础来支撑高层建筑荷载,核心筒以外基础采用人工桩基础跨越防空坑道顶部岩层。

这样确保了路基的均匀受力,使整个体系变形协调并且符合能量合理转换原理,实现了复杂问题简单化。

(5)桥梁概念设计

桥梁概念设计阶段,结构分析的目的是确保方案的成立。因此,可以采用简化的解析法(估算)或简单模型的有限元法。主要估算恒载(自重)和活载(汽车、人群)作用,活载可简化为均布荷载;估算时要尽量简化结构的计算模型,将空间问题平面化,复杂结构简单化,同时要考虑施工过程对结构受力的影响。

结构方案成立后,中期设计阶段要根据实际荷载分布和结构状态,采用有限元法等进行精确细化计算分析。

案例(3)~案例(5)的核心是在复杂问题简单化分析理念的指导下,引入工程问题"变形协调控制"和"能量合理转换"的概念,应用传统力学和现代力学相结合的方法,可以有效解决复杂工程结构设计施工中的力学问题。

4.5 工程设计的总体思路

现代建筑物大多以钢材、钢筋混凝土材料建造,这类材料强度高,连接构造多,但现代建筑物建造或使用过程中仍时常发生工程安全事故。目前,主要以静态或动态连续介质力学等为代表的现代设计力学理论进行分析计算。分析此类"问题工程",其建造或使用过程中出现不符合结构初始设计的受力(内力)变形状态,是发生安全事故的深层次原因。因此,笔者认为保证建筑物结构的"变形协调控制"和"能量合理转换",是合理结构设计的重要基础。采用复杂地质条件共同作用的预支护、可靠的连接构造、试验检验等措施,可以起到修正不合理的设计,保障建筑物结构的"变形协调控制"和"能量合理转换",确保结构在建造或使用过程中符合结构初始设计受力(内力)变形状态的作用。

现代建筑物在初步设计阶段,可应用理论力学、材料力学、结构力学等传统力学原理进行设计构思和估算,以便抓住合理结构的矛盾主要方面(图4.6),中期设计阶段可应用静态或动态连续介质力学等高等力学理论进行精确细化计算,完善辅助手段和结构构造设计,实现受力过程的系统分析。

这样,合理结构才可以进行受力(内力)变形动态的预测分析。合理结构内力、变形、能量是三位一体的,虽然检测只获得结构的变形数值,但在结构内力传递或转移、能量转换基本合理的条件下,结构变形才有规律可循,才能利用结构变形预测建筑物的健康状态。因此,采用数学模型预测工程结构规律只有建立在工程结构基本稳定平衡的基础上才能有效预测。可见,保障工程结构的合理性是关键,否则会出现没有意义的预测结果。

总之,现代和未来的工程研究和实践,不能脱离过去工程实践的经验和教训。作者在以往工作

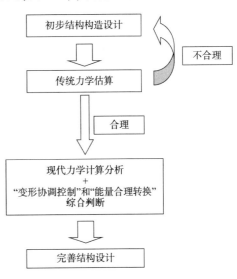

图4.6 工程问题分析过程

实践的基础上总结已有的经验教训和传统力学设计方法,引入工程结构"变形协调控制"和"能量合理转换"理念,提出复杂结构的平衡稳定理论。在初步计算过程中要因地制宜,抓住矛盾的主要方面,具体问题具体分析,把复杂问题简单化;然后在分析计算的基础上,结合工程经验,引入系统"变形协调控制"和"能量合理转换"的基本要求进行综合判断,进行工程初步设计;中期设计阶段应用静态或动态连续介质力学等高等力学原理进行细化计算分析,

完善辅助手段和结构构造设计。这样,实际工程结构设计施工就应该根据工程结构体系平衡状态稳定性不同,分别采用平衡、稳定平衡、稳定平衡与变形协调控制进行分析,一般情况(对应类似"苹果落地点预测"等相对简单成熟的工程问题)需要考虑理论计算分析;特殊情况(对应类似"树叶落地点预测"等相对复杂的新型工程问题)不仅需要考虑理论计算分析,更需要考虑合理结构体系、合理工法、合适支护、过程控制等相结合的综合方法,真正达到"稳定平衡与变形协调控制"。

第5章 结构变形协调控制方法在工程中的应用

研究 H_2O 是研究水性或微观结构,但造船就得研究水势,即水的整体作用。虽然两者都是研究水,而水性和水势不完全相同,只研究 H_2O 不能完成造船业务,水势也不完全含在 H_2O 中。工程数学或力学中的微积分也是如此,$\sum x_i$ 中隐含变形协调假定,即积分虽然是微分的和,但也是有条件的,就是变形协调控制问题。

工程结构受力变形计算中隐含变形协调问题,而有些结构状态不定或不稳,其计算方法和软件很难设定具体措施。目前,当工程结构计算结果与实际结果不一致时,有时会调整计算参数或修正计算模型,使得计算结果与实际结果一致,但忽视了结构变形协调控制问题,可能导致工程结构质量甚至安全问题。因此,工程结构设计与施工中必须采用变形协调控制措施,改进结构设计和施工方案才能满足变形协调条件,工程结构计算结果与实际结果才会接近,才能确保工程结构质量和安全。

中医通过望、闻、问、切等手段查出病,即病的联系或主要方面;西医通过设备检查等手段查出病,即病的症状或具体方面。看病既要抓住主要矛盾又要具体问题具体分析,这样才能真正把握病因,达到治愈目的。工程结构也是一样,既要抓住结构变形协调控制问题又要进行结构精确分析,达到结构整体控制和结构精确分析相统一,确保工程结构质量和安全。

5.1 工程结构变形协调控制的物理意义

通过图 5.1 可直观地理解变形协调控制对结构平衡状态稳定性的影响。图 5.1 中的重物由 n 股绳子悬挂,绳子作用力 P_1,P_2,…,P_n 与自重 W 共同作用处于平衡状态。因为绳索作用力 P_i 和重物共同作用的变形协调控制关系不同,其平衡稳定状态也不相同,具体表现为:

①当重物受静载荷作用时,P_1,P_2,…,P_n 与 W 共同作用处于平衡状态,当 P_1,P_2,…,P_n 都在各自强度允许范围内时,系统处于稳定平衡;当出现某个 P_i 超过极限而破坏时,剩余 $n-1$ 根绳索的受力状态会重新分配。在内力重分布过程中,可能出现两种情况:若内力能够合理转移,剩余 $n-1$ 根绳索受力仍处于强度范围内,系统将再次平衡;若系统结构设计不当,系统内力不能合理转移,将导致剩余 $n-1$ 根绳索内力再次超过强度范围而引起断裂,该过程重复出现将引起连锁反应而

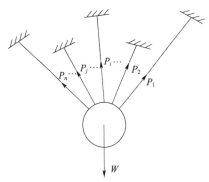

图 5.1 多股绳子悬挂下的重物稳定平衡与变形协调控制关系

使系统整体失稳。从能量传递角度看，上述现象可以解释为：由于重物的作用，每根绳子内积聚的应变能为 $U_i(i=1,2,\cdots,n)$，此时结构处于稳定平衡。倘若某根绳子内部储存能量 U_i 已达到其吸能极限而出现断裂，则 U_i 完全释放。由于系统总体能量不变，则结构变形能将重新分配，将出现两种情况：若能量能够合理传递，剩余 $n-1$ 根绳索能有效吸收所有变形能，系统将再次平衡；若结构设计不当，外力做功将再次突破结构储能极限，导致剩余 $n-1$ 根绳索断裂，引起连锁反应而使系统整体失稳。

②当受到扰动时，重物将偏离原始位置，因而 P_1，P_2，$\cdots$，P_n 的大小将重新分布，只有当 P_1，P_2，$\cdots$，P_n 变形协调（P_1，P_2，$\cdots$，P_n 之间的内力能够合理转移）时，且都在强度允许范围内时，系统才能恢复到原始的位置。否则，当结构设计不合理时，系统内部受力不能合理转移，P_1，P_2，$\cdots$，P_n 的重新分布可能会造成某根绳子作用力 P_i 超过极限而破坏，甚至引起连锁反应而出现系统整体失稳的情况。从能量分析角度则更好理解：外界对重物的扰动将给结构输入一定的能量，只有当结构变形协调（总体变形能在每根绳子之间合理传递）时，且考虑到空气和结构内部耗能机制（如阻尼、摩擦等），系统才能恢复到原始的位置。否则，当结构设计不合理时，系统内部能量不能合理传递，U_1，U_2，$\cdots$，U_n 的重新分布可能会造成某根绳子无法吸收应有的能量而破坏，甚至引起连锁反应而出现系统整体失稳的情况。

一般工程结构力学分析中隐含荷载与变形适应性，其实工程结构稳定平衡与变形协调控制是相互耦合的，实际工作中往往忽视了此现象。

为了更好地理解工程结构稳定平衡、稳定平衡与变形协调控制两类方法的内在联系，特将这两个概念对应的工程结构受力分析问题以及理论适用条件归纳总结，见表5.1。

变形协调控制与结构平衡状态的关系　　　　　　　表5.1

状　态	内　　　容	
	工程结构受力分析	适用条件
稳定平衡	采用精确分析法解决工程结构问题	隐含或自然满足变形协调控制
稳定平衡与变形协调控制	先整体控制与把握细节，再用精确分析法解决工程结构问题	构建合理结构体系和合理工法或工艺以及有效过程控制措施等，确保力的合理传递或转移路径等

因此，工程结构稳定平衡与变形协调控制是工程结构问题相互耦合的统一体，其中稳定平衡涉及荷载影响，变形协调控制涉及结构合理性，虽然两者解决方法不同，但只有满足结构稳定平衡与变形协调控制的力学和变形双重控制条件的工程结构才是安全的。

5.2　工程结构亚稳定平衡与工程事故之间的关联性

之前研究很难发现工程结构亚稳定平衡与工程事故之间的关联性。作者2005—2015年统计了约4万个国内外桥梁、隧道、软土地区路基等成功与失效工程案例，把这些案例做整体考察，集中比较研究，发现凡是满足稳定平衡与变形协调控制的土木工程结构都是安全的；反之，都不同程度地存在一些问题甚至安全风险，揭示了公路工程结构亚稳定平衡与工程事故之间的关联性。

5.3 公路工程结构变形协调控制技术

现有工程结构平衡稳定理论对平衡性研究很充分,对协调性的研究主要着重变形协调理论、变形协调假设等,而系统研究合理结构构造与力学关系的变形协调控制技术较少,部分结构难以保障结构传力介质的适应性和避免结构亚稳定平衡。工程结构平衡稳定与变形协调控制是工程结构问题相互耦合的统一体,其中平衡稳定涉及荷载影响,变形协调控制涉及结构构造合理性。作者在研究过程中认识到:工程力学是建立在材料性质和微观结构确定的基础之上的,但是部分工程结构在受力过程中材料性质和微观结构会发生变化且变化方式及规律未知,如软土地区路基的软土材料受力过程中微观结构电镜扫描结果表明:软土颗粒架构随受力程度不同而变化,与上述工程力学要求相矛盾,应用工程力学分析工程结构受力变形问题有时会出现偏差甚至有害结果。因此,工程结构构造设计必须满足变形协调控制条件,使工程结构始终处于正常受力且连续变形状态。否则,会产生力的不合理转移而形成新的甚至有害平衡状态,难以满足工程力学的因果规律。如何破解仅依靠工程力学不能完全解决的难题呢?虽然传统"稳定结构"与"亚稳定结构"的预测理论相同,但实际预测方法不同。借鉴人(幼年、成年、老年等阶段)保持运动稳定性的方法解决"亚稳定结构"最简单。作者在国内外首次提出了公路工程结构变形协调控制技术,在传统工程结构平衡稳定分析的基础上,公路工程结构变形协调控制技术解决"亚稳定结构"相对复杂工程问题要综合采用整体控制与细节把握的方法,也就是当工程结构处于亚稳定状态时,通过工程结构构造措施规范、类比、试验来设计合理结构构造或采用辅助措施,以控制工程结构受力变形状态的稳定性,先把"亚稳定结构"转换成"稳定结构",再采用精确分析法解决工程问题。

①改进公路桥梁设计方法:以前,公路中小跨度桥梁、部分桥梁特殊构件在重复超重荷载作用下,非弹性部位会加速产生积累损伤,特别是20世纪80年代优化桥梁大部分有问题,以前的设计方法难以避免此类问题,也是超载容易导致公路桥梁垮塌的原因之一。问题核心是难以保障结构传力介质的适应性与避免结构亚稳定平衡问题。按照交通结构变形协调控制技术改进桥梁设计,在设计规范的基础上,适度提高公路中小跨度桥梁刚度、改善部分桥梁特殊构件变形协调性,在重复超重荷载作用下,非弹性部位产生积累损伤会处于可控范围,避免了适量超载容易导致公路桥梁垮塌的问题。保障了结构传力介质的适应性,避免了结构亚稳定平衡问题,确保达到工程结构安全的目的。

②改进公路隧道设计方法:新奥法适用于硬岩,对软岩、破碎岩土体适应性差,遇水容易发生突变,必须采用岩土体变形控制措施。作者创建了地下工程平衡稳定理论与关键技术,在围岩与支护结构整体平衡稳定基础上分类和兼容了新奥法、挪威法、新意法等思想,可根据围岩承载能力的不同阶段,利用已有或成果分类预防和控制工程质量和安全;按照交通结构变形协调控制技术改进设计隧道施工,在设计施工规范的基础上,根据围岩承载能力的不同阶段,利用已有的成果分类预防和控制工程质量和安全,确保力按设计路径传递,控制力的不合理甚至有害转移,避免了围岩突变甚至坍塌问题。

③改进公路软土地区路基设计方法:公路软土地区路基等长条结构属于平面应变问题,

受软土流变影响大,以前设计考虑了软土固结、次固结影响,特别是土石混合物等路基整体性不足,难以克服软土流变影响和容易产生软土地区路基工后沉降,容易产生路面纵向、横向开裂病害问题。国内外首次采用软土流变下限阈值控制软土地区路基工后沉降,按照交通结构变形协调控制技术改进软土地区路基设计方法,在设计规范的基础上,首先注重控制地区路基受力变形状态整体性。其次,当软土流变下限阈值>软土地区路基底部应力值时,可控制软土地区路基工后沉降;当软土流变下限阈值<软土地区路基底部应力值时,要采取工程措施,控制公路软土地区路基工后沉降在允许范围之内,有利于解决公路路面纵向、横向开裂病害问题。具体工程实例如下。

【问题5.1】通麦大桥是一座临时保通性工程,如图5.2所示,大桥设计为单塔单跨空间索悬索桥,主跨为256m,该桥载重量为200kN。分析其产生破坏的主要原因是主梁由贝雷钢架梁只在底部连接构成,不但竖向刚度不够,横向刚度以及扭转刚度也不够,原设计可能重点考虑竖向荷载影响,较少考虑刚度不够引起的主梁较大次应力和吊杆与主梁连接接头较大次应力以及主梁与吊杆等构件积累损伤影响(此类破坏现象在公路系杆拱桥中多次出现)。

图5.2 通麦大桥损坏前后状态

【解决方法】针对存在较大侧向不均匀变形风险的桥梁,提出一种有效控制结构变形协调、提高结构整体稳定性的加固方法,对于中小跨度桥梁($L<300m$)而言,如图5.3、图5.4所示,通过在桥梁的两侧张拉两根呈弧形的横斜向限位缆,并将限位缆和大桥主梁用短索相

第5章 结构变形协调控制方法在工程中的应用

连,限位缆的两端锚固在大桥两侧的岸边或山体上,就能解决上述问题;实际工程结合排龙天险改造,采用四座隧道、两座大桥,防治了坍塌、水毁等灾害,如图5.5所示。

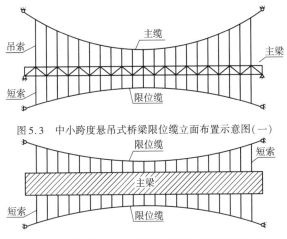

图 5.3 中小跨度悬吊式桥梁限位缆立面布置示意图(一)

图 5.4 中小跨度悬吊式桥梁限位缆平面布置示意图(二)

图 5.5 通麦大桥前后3个桥梁比较

【问题5.2】中下承式拱桥造型优美,跨越能力大,在近几十年中得到较广泛的应用。但因吊杆耐久性、可靠性引发的问题日渐突出,已成为该类桥梁不可忽视的普遍问题。例如,2001年11月7日小南门金沙江大桥短吊杆断裂部分桥面垮塌事件、2011年4月12日314国道孔雀河大桥短吊杆断裂部分桥面垮塌事件、2011年7月15日福建公馆大桥短吊杆断裂部分桥面垮塌事件等,如图5.6所示,其中短吊杆不仅承受拉力(计算中包含),而且承受弯剪力(计算中不包含),产生结构积累损伤,短吊杆钢丝扫描试验结果对比(图5.7、图5.8)就是证明。该类桥型均为中下承式系杆拱桥,其桥面系属于漂浮体系,如图5.9所示,即采用吊杆系横梁,横梁上铺设纵向桥面板的桥面结构体系,并由单吊杆支撑,另外桥面系吊杆锚固端部锈蚀严重,两者都会影响结构使用寿命,一旦某一根吊杆失效,桥面结构即成为可变体系,该吊杆相邻两跨的桥面板必然随之坠落,从而导致一些中下承式系杆拱桥因吊杆突然断裂而产生部分桥面垮塌。

图 5.6 某大桥短吊杆断裂部分桥面垮塌事件照片

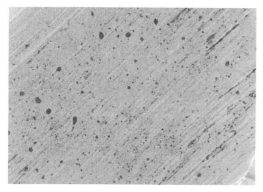
图5.7 短吊杆未损伤端的切片扫描照片

图5.8 短吊杆损伤端的切片扫描照片

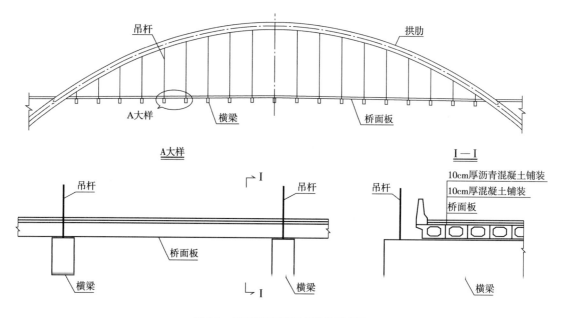

图5.9 桥面漂浮系杆拱桥结构示意图

【解决方法】针对桥面漂浮系杆拱桥桥面系纵、横向变形较大,吊杆(尤其是短吊杆)钢丝容易产生疲劳损伤的问题,提出一种能有效控制结构变形、提高整体性的系杆拱桥改造新技术,如图5.9所示,主要措施包括:①通过凿开拱桥横梁处桥面板端部浇注材料,在横梁顶面植筋以勾住桥面板,并在梁端空隙间填充高韧性复合材料MPC等,使桥面板与横梁连成整体,如图5.10所示;②在最短吊杆的横梁与拱肋间增设纵向及斜向的钢梁以限制桥面纵向与横向位移,恢复短吊杆设计受力变形特性,防止短吊杆断裂,如图5.11、图5.12所示;③为适应温变效应等结构变形需求,在桥面系中间设置伸缩缝,如图5.10所示。

【问题5.3】沿海城市软土地层分层现象较多,特别是地铁穿越下软上硬软土地层盾构施工容易出现上浮现象,当软土地层分层组合不利时,通过铅块压重也难以阻止盾构上浮现象,影响管片安装和地铁纵向线位。

第5章 结构变形协调控制方法在工程中的应用

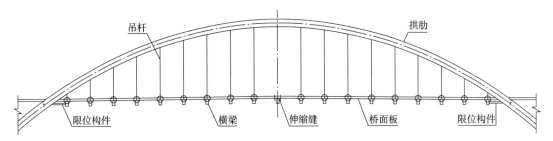

图 5.10 桥面漂浮中承式系杆拱桥改造方案立面图

注：图中"○"表示采用 MPC 进行填充；"∥"表示设置伸缩缝。

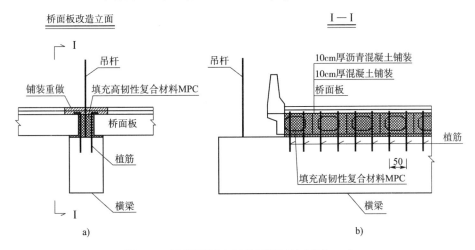

图 5.11 桥面板改造方案节点详图（尺寸单位：cm）

现有地铁穿越下软上硬软土地层盾构施工处理方法容易忽视地层与盾构相互作用的整体力学分析，缺乏宏观定性控制方法。例如，某中等埋深土压平衡式盾构在区间推进过程中，出现盾构机姿态整体上浮的情况，其行进轴线轨迹如图 5.13 所示。盾构出现上浮时，盾构掘进断面的上半部为相对较硬的砂质粉土夹粉砂③61（标准贯入14）、砂质粉土淤泥质粉质黏土③7（标准贯入4），下半部为相对较软的砂质粉土淤泥质粉质黏土③7（标准贯入4）、淤泥质粉质黏土⑥1（标准贯入2）。盾构机为 $\phi6340mm$ 加泥式土压平衡盾构，盾长8.0m，盾构顶部埋深为12m。

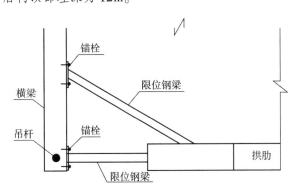

图 5.12 最短吊杆的横梁与拱肋间增设限位钢梁平面图

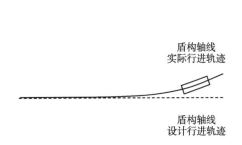

图 5.13 盾构行进轨迹偏移示意图

【解决方法】 现有地铁穿越下软上硬软土地层盾构施工处理方法容易忽视地层与盾构相互作用的整体力学分析,缺乏宏观定性控制方法。

第一步,应先做机位状态及力学平衡分析,寻找宏观定性控制方法(图5.14、图5.15)。

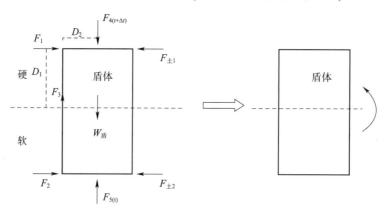

图5.14 盾构机位状态力学分析示意图

图5.15 盾构隧道掘进施工与周围水土平衡关系

千斤顶的推力简化为盾头顶部的 F_1 和底部的 F_2;$F_{\pm 1}$ 和 $F_{\pm 2}$ 为开挖面土体反力;F_3 为机体对机头弹性约束力,当机头上浮时,阻止上浮,当机头下压时,阻止下压。另外,盾构还同时受到周围土体浮力的影响,盾构质量 $W_盾 = 435.5t$,同体积土体质量 $W_\pm = 577t$,因此,盾构受到的浮力为1415kN。地层上硬下软,会延时填充上部空隙而不产生阻止上浮的阻力 F_4;但及时填充下部空隙而产生向上的推力 F_5。

机位上浮稳定平衡状态条件有:

$$F_1 + F_2 = F_{\pm 1} + F_{\pm 2} \tag{5.1}$$

式(5.1)容易满足。

$$F_3 + F_4 + F_5 + W_盾 = 0 \tag{5.2}$$

因不利变形空间和 $W_盾 - W_\pm = -141.5 \text{ t}$,只有同步增加 F_4 才能满足式(5.2)。

$$F_1 D_1 - F_{\pm 1} D_1 + F_3 D_2 - F_2 D_1 + F_{\pm 2} D_1 = 0 \tag{5.3}$$

增加 F_1 或减少 F_2 才能满足式(5.3)。

第二步,制定调整方案,并严格控制:

①利用式(5.2)给盾构壳体同步注入重度大于上硬土层重度的硬性浆液,消除 $F_4(t+$

Δt)中时差 $\Delta t \to 0$,同步增加 F_4 基本控制盾构壳体位置。

②利用式(5.3)增加 F_1 或减少 F_2,调整盾构壳体位置逐渐到盾构轴线设计行进轨迹。

【问题5.4】现有多层公路铁路软土地区路基工后沉降问题较为突出,特别是上层公路立柱侧底层公路一幅车道土石混合填筑路基工后沉降问题更加突出,体现为底层公路一幅车道路面纵向跳车横向积水容易导致行车事故,这幅车道很难实用;但灰土路基、土石混合路基后期注浆等整体性路基,路面纵向跳车横向积水现象就很少;公路软土路基工后沉降的核心问题就是控制路基受力变形状态整体性问题。经济地解决沿海山多地少、宕渣丰富的地方新建多层公路铁路软土地区路基受力变形状态整体性控制问题,就可避免底层公路一幅车道路面纵向跳车横向积水病害反复出现问题,既节约建设资金又节约养护资金,一举多得。

【解决方法】针对现有上层公路、铁路立柱侧底层公路一幅车道土石混合填筑软土路基工后沉降问题更加突出的现象,即新建底层土石混合填筑的宕渣路基没有采用有效控制路基受力变形状态整体性问题,先在软土地区路基打设水泥搅拌桩或是预应力管桩,再在地区路基底层与软土地区路基顶层之间采用框架等措施控制新建土石混合填筑的宕渣地区路基受力变形状态整体性。一般情况下,软土层厚度为15~20m时,采用水泥搅拌桩处理,软土层厚度较大时采用预应力管桩处理,临近桥墩处推荐采用水泥搅拌桩处理,这样可避免底层公路一幅车道路面纵向跳车横向积水容易导致行车事故的问题。

底层公路软土地区路基各面处理情况如图5.16所示。

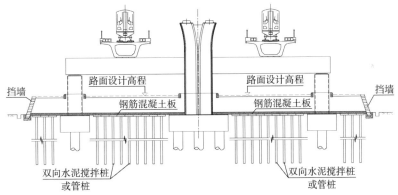

a)底层公路软土地区路基处理横断面

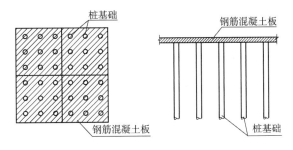

b)底层公路软土地区路基处理平面布置及立面

图 5.16

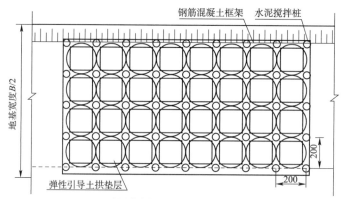

c) 底层公路软土地区路基处理平面布置

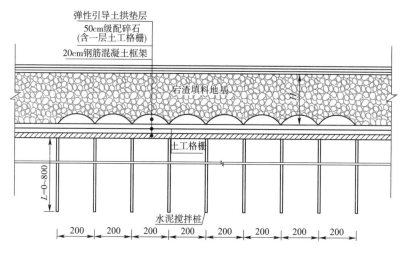

d) 底层公路软土地区路基处理纵断面布置

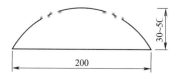

e) 软土地区路基弹性引导土拱垫层立面

图 5.16 底层公路软土地区路基各面处理情况（尺寸单位：cm）

【问题 5.5】我国对钢桥面铺装的研究表明，早期有双层 SMA（沥青玛琋脂碎石混合料）铺装，但出现了推移、开裂、车辙等严重病害，现已不用。国内专业人士针对双层 SMA 无法成功应用于我国钢桥面的问题进行了深入的研究，并找到了根本原因，即界面结构材料无法满足铺装要求。

具体而言，就是 SMA 铺装的钢桥面采用的界面材料是复合改性的高黏沥青，将它涂覆于钢板上，使其将 SMA 与钢板黏结为一体，共同受力。然而，这种改性高黏沥青对钢板的黏结力是随钢板温度的升高而迅速降低的，当钢板温度升高到一定程度时，黏结力不能满足黏合要求，随之 SMA 层便在钢板上滑动位移，出现推拥凸包并产生裂缝。

之后我国又引进了美国双层环氧沥青和英国浇注式沥青铺装技术，也存在不少问题，我国钢桥面问题没有得到很好的解决。

美国环氧沥青混凝土铺装技术具有铺装强度高、整体性好、高温抗变形能力强、低温抗裂性能好以及抗腐蚀性强等优点。其不足之处在于造价高、施工难度大、损坏后难以修复、对施工环境要求苛刻。施工控制不严是铺装发生损坏的主要原因，目前还没有针对环氧沥青损坏的修复方法。

英国浇注式沥青混凝土铺装技术具有低孔隙率、防水能力强、抗老化性能好、抗裂性能强、对钢板的黏结性好等优点，其不足之处在于高温稳定性差，易形成车辙，需要特定的施工设备，施工组织较为复杂。

ERS冷拌树脂沥青钢桥面铺装技术和钢纤维韧性混凝土钢桥面铺装技术解决了上述问题，但施工和维修中也有不方便之处。

综上，需要研发一种钢桥面铺装材料及其技术，既能满足我国高温重载的特殊国情，又能避免上述技术的缺点，较好地解决上述问题。

【解决方法】 针对上述问题，提供一种钢-PVA纤维韧性混凝土组合桥面铺装变形协调控制方法。

这种钢-PVA纤维韧性混凝土组合桥面铺装变形协调控制构造具有建筑高度小、轻质高强、各组合层间黏结性能好、各组合层协同受力均匀、变形协调易于控制、耐久性好、抗疲劳性能好、车辆冲击作用小等优点。

采用PVA纤维韧性混凝土钢桥面铺装技术，其中构造钢筋网设置在PVA纤维韧性混凝土层中间偏下的位置，这样钢桥面铺装层既能控制桥面钢板刚度不足问题，又能控制铺装层本身竖向刚度递减过渡沥青混凝土面层，适应钢桥面变形协调和行车荷载作用，符合结构变形协调控制方法。

该组合桥面结构从下到上依次包括钢桥面板层、浇筑于钢桥面板层上方的PVA纤维韧性混凝土层，钢桥面板层上设置有抗剪构造、抗拉构造和氯丁橡胶垫块。抗剪构造是在钢桥面板上固结抗剪栓钉，由纵向受拉钢筋分布层和横向受拉钢筋分布层叠加形成的钢筋网，抗剪栓钉、钢筋网和氯丁橡胶垫块包埋于PVA纤维韧性混凝土层中。

抗剪栓钉沿钢桥面板纵向和横向按矩阵式间隔布置，相邻抗剪栓钉之间的纵桥向间距和横桥向间距应符合现行规范规定和设计要求，可以满足钢-PVA纤维韧性混凝土界面的抗剪要求。抗剪栓钉应按照设计要求在工厂预制，长度优选 $8\sim12mm$，在此范围内的抗剪栓钉与钢桥面板层的接触面积较传统抗剪栓钉与钢桥面板层的接触面积大，因此抗剪栓钉的刚度较传统抗剪栓钉的刚度大，可以提高抗剪栓钉的抗剪效率，进一步改善钢-PVA纤维韧性混凝土间的组合受力。

钢筋网抗拉构造由纵向受拉钢筋分布层和横向受拉钢筋分布层叠加形成，纵向受拉钢筋分布层铺设在氯丁橡胶垫块，横向受拉钢筋分布层铺设在纵向受拉钢筋分布层上部，通过绑扎或点焊连接。钢筋网抗拉构造设置在PVA纤维韧性混凝土层中间偏下的位置，并且位于抗剪栓钉上部，该设置能够使钢桥面铺装层既可以控制桥面钢板刚度不足问题，又可以控制铺装层本身竖向刚度递减过渡沥青混凝土面层，适应钢桥面变形协调和行车荷载作用，符合结构变形协调控制方法。钢筋网抗拉构造横向受拉钢筋分布层中与其下部抗剪栓钉相接触的横向受拉钢筋通过点焊固结。

氯丁橡胶垫块的设置是用来支撑纵向受拉钢筋的,便于纵向受拉钢筋的铺设,也便于纵向受拉钢筋与横向受拉钢筋的绑扎或点焊连接。

PVA 纤维韧性混凝土层是由 PVA 纤维韧性混凝土浇筑而成的,由 PVA、水泥、细沙、粉煤灰、水和减水剂以一定的比例搅拌而成的,其最优配合比见表 5.2,PVA 纤维韧性混凝土具有优良的力学性能,其抗压强度为 35~60MPa,拉伸应变能力是普通混凝土与纤维增强混凝土的 300~500 倍,抗弯强度可以达到其直接拉伸强度的 3~5 倍,耐久性系数是普通混凝土的 5 倍,PVA 纤维韧性混凝土与钢筋之间的变形协调一致,可以控制的裂缝宽度在 60μm 左右,这使得 PVA 纤维韧性混凝土层在裂缝状态下的渗透系数与未带裂缝的素混凝土几乎一样,有效地提高了构件的耐久性和抗渗能力。

ECC 配合比(kg/m^3) 表 5.2

水泥	细沙	粉煤灰	水	减水剂	PVA 纤维
577	462	692	323	9	26

在 PVA 纤维韧性混凝土层上部铺设黏结层,即环氧沥青胶黏剂,具有高黏结强度、高韧性、耐疲劳的特点,常温固化后与 PVA 纤维韧性混凝土层和沥青混凝土面层牢固地黏结,形成整体化层,有效地提高了组合桥面的整体性。

在黏结层上铺设沥青混凝土面层,可以为各类沥青混凝土桥面铺装层或其他材料的桥梁铺装层,可以根据工程技术方案的需要,灵活地选用合适的沥青混凝土面层铺装层,施工方便、工艺简单且具有良好的可操作性和经济性。

与现有技术相比,钢-PVA 纤维韧性混凝土组合桥面铺装变形协调控制构造的优点有:

①PVA 纤维韧性混凝土层所选用的是适用于钢桥面板的 PVA 纤维韧性混凝土,其具有优良的力学性能、较高的抗压强度和抗弯强度及其拉伸应变能力,其耐久性系数也较普通混凝土高,并且 PVA 纤维韧性混凝土与钢桥面板的膨胀系数一致,二者黏结较为牢固,特别是在温差和车辆荷载较大的情况下,PVA 纤维韧性混凝土层与钢桥面板也能够很好地黏结在一起,抗滑移能力较强,可进一步阻止桥面铺装层的开裂、车辙、凸包等病害。

②PVA 纤维韧性混凝土在钢桥由上的应用,能够有效地减小混凝土层的厚度,降低桥面系质量,显著提高组合桥面的耐久性。

③通过控制钢桥面板上设置的抗剪栓钉的高度及其与钢桥面板的固结面积的大小,可以灵活地调节钢桥面板层与 PVA 纤维韧性混凝土层间抗剪构造的设计高度,进而减小 PVA 纤维韧性混凝土层的设计厚度,使组合桥面结构的自重降低,同时通过调节抗剪栓钉固结在钢桥面板的有效面积,可以进一步增大组合桥面的抗剪强度,从而使组合桥面的受力更加合理。

④组合桥面构造抗剪栓钉的设计能够进一步减小桥面铺装层与钢桥面板之间的相对滑移,减小了桥面铺装层的凸包,降低了车辆荷载作用下的冲击作用,从而进一步提高了桥面铺装层的耐久性能。

⑤抗剪构造所采用的抗剪栓钉是按照设计要求的工厂预制加工的,并且抗剪构造的设置并不需要采用复杂的施工工艺和高投入的施工设备,仅采用普通焊接技术即可将抗剪栓钉与在其上部布设的横向受拉钢筋固结在一起,设备投入小,简单易操作,对劳动力素质和工艺要求较低。

⑥将钢筋网抗拉构造设置在 PVA 纤维韧性混凝土层中间偏下的位置,能够使钢桥面铺

装层既可以控制桥面钢板刚度不足问题,又可以控制铺装层本身竖向刚度递减过渡沥青混凝土面层,适应钢桥面变形协调和行车荷载作用,符合结构变形协调控制方法。

⑦提供黏结层为环氧沥青胶黏剂,其具有高黏结强度、高韧性、耐疲劳的特点,常温固化后环氧沥青胶黏剂与PVA纤维韧性混凝土层和沥青混凝土面层牢固地黏结,形成整体化层,有效地提高了组合桥面的整体性。

⑧环氧沥青胶黏剂能够常温固化,对施工环境及工艺没有特殊要求,因而在施工时无须特殊的施工机具,可按普通黏结层的铺设方法施工。

⑨采用的沥青混凝土面层对施工环境及工艺没有特殊要求,可以作为各类沥青混凝土桥面铺装层或其他材料的桥梁铺装层,可以根据工程技术方案的需要,灵活地选用合适的沥青混凝土面层铺装层,施工方便、工艺简单且具有良好的可操作性和经济性。

组合桥面平面铺装透视图、构造示意图及局部结构示意图如图5.17所示。

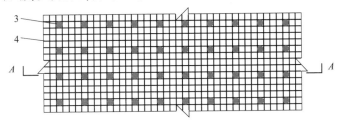

a)组合桥面平面铺装透视图

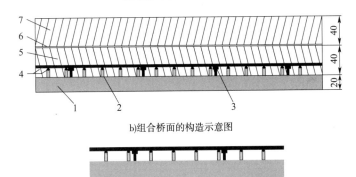

b)组合桥面的构造示意图

c)组合桥面局部结构示意图(未示出PVA混凝土)

图5.17 组合桥面的平面铺装透视图、构造示意图及局部结构示意图(尺寸单位:cm)
1-钢主梁;2-预制板;3-栓钉群;4-桥面铺装;5-ECC材料;6-黏结材料;7-沥青混凝土面层

【问题5.6】 图5.18为永加隧道的坍方情况,该隧道掘进到里程K16+183掌子面时,造成洞顶塌方,塌方纵向宽约11m,横向宽约10m,高22m,体积估计约2420m³。经地表地质调查观察发现,在里程K16+183掌子面附近遇一隐伏断裂构造,走向北东,倾向北西,岩石中破碎夹层较多且部分厚度较大,破碎地段岩石稳定性差,塌方处剩余厚度4.0m,塌腔厚度3.5m,其下部为塌方堆积物,有冒顶现象。

【解决方法】 根据能量原理,使得工程措施本质上是确保$\Delta U > \Delta T$,其途径是通过管棚支护和插板形成棚架,起支护作用,提高系统抗力,做功ΔU,通过充填轻质材料控制塌方空洞扩大和掉块,减轻支护荷载,减少荷载做功$\Delta T(\Delta T = P\Delta S_1 + W\Delta S_2)$,防止不利作用力和能量都向结构的薄弱部位转移或集中作用。

隧道塌方的处治方案采用管棚穿越塌方区,在管棚上方空腔中注满泡沫混凝土,待混凝土强度达70%后进行下一步作业。泡沫混凝土填充后能够防止空腔内的破碎岩体继续坍塌,同时也减轻了管棚上方的荷载,确保围岩和支护结构的安全。

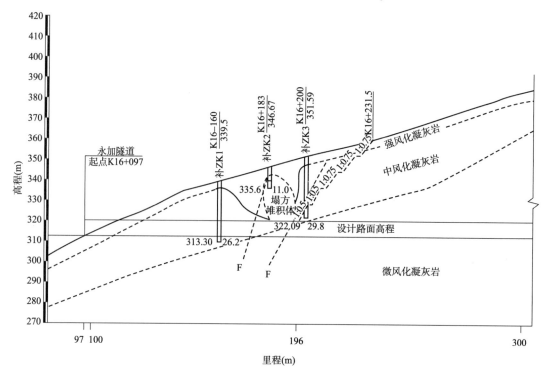

图5.18 永加隧道坍方情况

第6章 地下工程平衡稳定理论在工程中的应用

据统计,各类坍塌事故与工程结构安全性高度相关,事故中死亡人数比例为:临时设施与支架坍塌32.6%,地下工程施工坍塌32.6%,基坑开挖与挡墙坍塌23.9%,道路桥梁等结构垮塌10.9%,在道路桥梁中病危桥比例较高,安全隐患不容忽视:桥梁使用年限在10年以内的,病危桥比例约为20%,10~20年的为24%,20~30年的为20%。即使欧美发达国家道路桥梁等结构的结构性缺陷也高达11%。造成以上工程病害高发的根本原因是交通工程结构亚稳定平衡问题:临时结构和地下工程结构施工过程中坍塌率占89.1%,主要是施工过程中结构受力变形状态发生了分支点失稳(结构受力变形状态改变了,原设计计算分析与实际状况不符),出现高坍塌率也属正常;道路桥梁等结构使用过程中垮塌占9.9%,使用30年内垮塌占64%,主要是循环荷载和超载作用的影响,施工过程中垮塌率较低。以桥梁和山体隧道施工为例,说明如下:①桥梁施工每一步设计受力变形计算与实际施工受力变形工况基本一致,除非人为错误,桥梁结构施工中较少发生垮塌事故;②山体隧道设计以单位长度(1m)进行山体隧道结构受力变形状况计算分析,设计施工方案或规范指导施工方案甚至实际施工方案中山体隧道结构受力变形状态就与原设计计算分析有差距甚至较大出入,围岩情况较好时问题不明显,围岩情况较差时问题就突出,地下工程施工过程坍塌率约56.5%,很多情况是山体隧道施工过程中结构受力变形状态发生了分支点失稳,以上情况应该引起人们警醒!应该修改规范指导施工方案,使得设计施工方案甚至实际施工方案中山体隧道结构受力变形状态与原设计计算分析基本相同,避免山体隧道施工中发生分支点失稳等坍塌问题。

另外,原铁道部根据成昆铁路等隧道施工中塌方高度统计结果接近浅埋隧道规定的2倍跨度值,因此,隧道设计规范中普氏理论计算隧道衬砌结构的荷载规定,不论隧道是浅埋还是深埋,都一样才有现实意义,浅埋软土城市地铁盾构计算荷载规定与普氏理论的意义也是相同的。这也是建设好的隧道或地铁只有衬砌开裂或渗漏水现象,很少有衬砌结构破坏事故记录的原因。

6.1 实践是理论创新的基础和源泉

作者自1983年开始从事桥梁隧道的研究、建设、管理工作,至今已30余年。在长期的工作过程中,作者发现隧道施工安全事故与隧道设计理论一直是困扰工程界和学术界的一对矛盾。1992年底,作者选择到桥梁隧道众多的南昆铁路建设工地工作,参与了南昆铁路100多座隧道的建设,得以接触大量一线隧道设计、施工、管理人员,收集了大量隧道地质和施工状态变化的资料,积累了宝贵的设计、施工和管理经验。这些经历为笔者思考并提出平衡稳定理论完成了量的积累。

在随后的工作实践中,作者认识到新奥法(图6.1)的适用性与设计、施工人员对隧道设计理论的理解和掌握程度有关。通过大量国内外隧道的地质环境、施工管理、建设设备和材料、人员组织形式的对比分析,发现"传统地下工程理论一般对应于平衡与破坏,平衡状态可能属于安全状态,也可能属于隐含风险状态"。

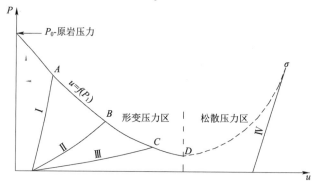

图6.1 围岩位移支护特性曲线(解决特定地下工程建设问题过程中提出的一般理论,一般地对应于平衡与破坏,可能隐含风险)
Ⅰ-刚性支护;Ⅱ-一次锚喷支护;Ⅲ-初喷、二次锚喷支护;Ⅳ-模注支护

南昆铁路100多座隧道施工资料和大量隧道施工现场技术探讨为建立适用安全的隧道施工理论积累了丰富的素材。作者于1995年开始分析整理这些资料时,产生了一些初步想法,同时综合隧道、力学、地质、材料、机械等领域专家的建议,开始考虑根据实际需求,在继承传统理论的基础上进行提炼和升华,实现隧道设计施工理论的创新,为更好地解决实践中出现的新问题提供新的思路。

1996年,在石长铁路汪家山隧道施工中,根据隧道穿越古河床状况,作者提出了隧道有效结构层控制围岩荷载转移规律(图6.2),即当隧道围岩采用强预支护而使围岩基本保持原始状态时,就能充分发挥围岩的自承能力。

$$P_1\cos\alpha_1 + P_2\cos\alpha_2 + T \geqslant W \tag{6.1}$$

式中:P_1,P_2——围岩自承力;

W——重力;

T——支护抗力(支护抗力T尽可能小)。

深刻挖掘式(6.1)的内涵,我们可以发现:地下工程应该在"合理发挥围岩的自承能力"和"基本维持围岩的原始状态"的理念指导下,采用各种合理工法和合适支护以及过程控制(前两者为基础,后三者为手段),使得围岩与支护共同作用,达到稳定平衡与变形协调控制,以确保受力安全。事实上,只有满足"基本维持围岩的原始状态"条件,围岩自承力P_1、P_2才能尽可能大,支护抗力T才能尽可能小,即达到"合理发挥围岩的自承能力"。

总之,式(6.1)和图6.2的物理意义基于结构变形协调控制,既含有力学平衡问题,又含有力学转移和调节问题,式(6.1)和图6.1对支护结构作用力量值小于纯粹力学平衡对支护结构作用力量值,这也是式(6.1)和图6.2对地下工程建设的进步意义。

1993年在南昆铁路小德江隧道和1997年在石长铁路陈家山隧道施工中,我们发现山体

第6章 地下工程平衡稳定理论在工程中的应用

微小错动使得已建好的隧道衬砌开裂,这使我们认识到传统地下工程理论(岩承理论和松弛荷载理论)和工法(包括新奥法、矿山法等)只能解决隧道围岩与支护共同作用平衡问题,而不能解决隧道围岩与支护及其所在环境的稳定性问题。因此,必须综合研究隧道区域山体稳定和隧道围岩与支护系统共同作用的稳定问题,才能真正解决隧道结构稳定平衡与变形协调控制,实现隧道结构受力安全。

1993年,在南昆铁路岔江隧道施工中涉及的工程地质环境异常复杂,围岩属于页岩,含高岭土,容易膨胀,导致已建好的隧道衬砌开

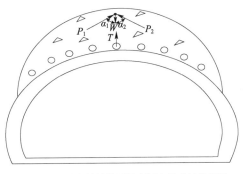

图6.2 隧道有效结构层控制围岩荷载转移规律
P_1、P_2-围岩自承力;W-重力;T-支护抗力
(T 起到合理发挥 P_1、P_2 的作用)
注:$P_1\cos\alpha_1 + P_2\cos\alpha_2 + T = W$

裂。这使我们认识到隧道施工既要目标管理更要过程控制,并且支护结构要足够强大。

南昆铁路小德江隧道和岔江隧道、石长铁路汪家山隧道和陈家山隧道的施工经验告诫我们:必须提升地下工程理论(岩承理论和松弛荷载理论)和工法(包括新奥法、矿山法等)水平,才能适应我国地下工程设计、施工和管理的需要。

1998—2008年,作者对梅岭隧道、黄土岭(右线)隧道、白鹤隧道等100多座隧道施工、变更设计、事故处理、管理等进行了深入研究。其间,作者研究团队进行理论深化,同时得到王梦恕院士、刘宝琛院士、孙钧院士等大师的悉心指导。我们在已有成果的基础上又相继提出了隧道施工方案合理性判别原则、隧道受力独立性、隧道预支护原理与力的合理转移路径等综合理论。2008年,作者研究团队进一步扩大了研究规模,引入结构平衡稳定理论并参与钱江通道和杭州地铁城湖区间段等盾构隧道建设,终于初步形成地下工程平衡稳定理论框架。最近5年来,团队增加了对亚稳定平衡状态分类、三种平衡状态与牛顿平衡方程三个关系的相互影响等问题的研究,直至2013年基本形成地下工程平衡稳定理论体系(图6.3)。应该说,这一理论体系是从实践中来的,在实践中完成了量的积累到质的嬗变,再到进一步升华理论和创新发展,是作者研究团队30余年实践经验的总结。

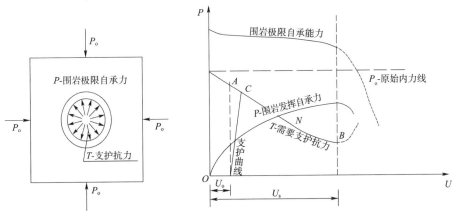

图6.3 地下工程平衡稳定理论的力-位移特征曲线(以一般性力学模型研究问题提出的理论,对应于稳定平衡与变形协调,消除风险隐患,属于安全状态)

传统的地下工程理论对应于平衡和破坏,平衡状态可能属于安全状态,也可能属于隐含风险状态,与此相比,平衡稳定理论对应于稳定平衡与变形协调控制,消除了风险隐患,始终属于安全状态。

按照平衡稳定理论,保持地下工程平衡稳定的基本要求:

$$F = T + P \tag{6.2}$$

$$F > P_0 \tag{6.3}$$

其中,式(6.2)普遍适用于解决地下工程平衡稳定问题,对应于稳定平衡与变形协调控制,满足该式的地下工程可以消除风险隐患、确保受力安全。地下工程平衡稳定理论的表现形式随着问题的具体形式而变化。式(6.3)表明:地下工程都要把握两个基本理念,即"合理发挥围岩的自承能力"和"基本维持围岩的原始状态"。而基于传统太沙基理论或普氏理论等设计方法的松弛荷载理论是建立在浅埋松弛地层和深埋松散岩土体统计值的力学方法,简单情况的受力变形状态自然满足"变形协调控制",因而没有变形协调和过程控制概念,也没有体现"合理发挥围岩的自承能力"和"基本维持围岩的原始状态"的基本理念,对于相对比较破碎的岩体或深埋地层,只有满足"基本维持围岩的原始状态"条件,才能"合理发挥围岩的自承能力";新奥法、新意法、挪威法、约束收敛法等岩承理论是建立在岩体基本完整的基础之上的。由于奥地利、瑞士等欧洲地区岩石块体比较完整,力学性能比较好,可以体现"合理发挥围岩的自承能力"和"基本维持围岩的原始状态"理念,因此基于现代岩承理论的方法在欧洲适用性较好。我国东部处在亚欧大陆板块和太平洋板块的交界处,西部处于欧亚板块和印度板块交界处的喜马拉雅造山带,地质环境复杂多变。受各种复杂地质作用的影响,我国分布有完整岩体、相对破碎岩体,也有浅埋松散地层,若完全照搬欧洲的理论和方法会有偏差。我们需要在"合理发挥围岩的自承能力"和"基本维持围岩的原始状态",即"变形协调控制"理念的基础上,建立适应多种岩土体结构特征的广义力学稳定平衡方程,重视合理开挖工法、支护结构措施及施工过程控制等研究,确保围岩与支护共同作用达到稳定平衡与变形协调控制,这也是地下工程结构设计和安全分析的基本要求。对于浅埋松散地层隧道或软土盾构隧道可采用简化计算,即荷载结构法思路(对应于松散荷载理论),产生的误差在支护结构强度允许范围之内;但施工工法和过程控制措施应采用地层结构法思路(对应于岩承理论),实现地层与支护共同作用,达到"稳定平衡与变形协调控制",消除风险隐患,确保受力安全。不管地面工程还是地下工程,只要与岩土体共同作用,达到"稳定平衡与变形协调控制",研究工程结构"较优解"的基本条件可扩充为"合理发挥岩土体的自承能力"和"基本维持岩土体的原始状态"。

因此,"松弛荷载理论"(矿山法等)虽然结构力学方法明确,但支护结构控制难以到位,许多岩土体不能有效形成岩土体与支护结构共同受力变形的稳定组合体系;"岩承理论"(新奥法等)基于硬岩或通过超前支护加固软岩,虽然支护结构先进并提出充分发挥围岩的自承能力理念,但结构力学方法不明确,部分岩土体也不能有效形成岩土体与支护结构共同受力变形的稳定组合体系;总体来说,以往地下工程建设中往往忽视预先或及时有效控制形成的承载结构层和缺乏保障施工过程时空效应的结构力学变形控制措施,往往难以控制力的不合理甚至有害转移,容易发生坍塌事故。

面对地下工程穿越复杂工程环境和不良地质条件地段导致的地下工程施工中的坍塌、渗漏水、地层变形过大等施工难题,作者在传统工程结构平衡稳定理论的基础上,按照工程结构变形协调控制方法,融合"松弛荷载理论"和"岩承理论"的优势,创建了地下工程平衡稳定理论体系和配套关键技术,在围岩与支护结构整体平衡稳定基础上分类和兼容了新奥法、挪威法、新意法等思想,可根据围岩承载能力不同阶段,利用已有成果分类预防和控制工程质量和安全,确保地下工程施工质量与安全,可以分解为三个阶段特例(图6.4)。

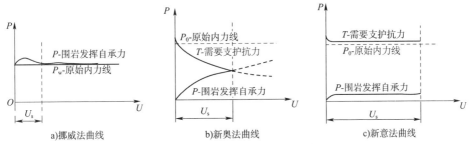

图6.4 地下工程平衡稳定理论特征曲线

其中的"开挖能量控制技术"($E = E_1 + E_2 + E_3$),控制爆破和开挖工序对围岩及预支护结构扰动耗能 E_2 最小,采用其选择施工工法,既为复杂状况选择合适工法提供了清晰思路,又实现了尽可能减小爆破和机械开挖对围岩的扰动,保证围岩稳定并节约开挖费用;"强预支护技术"($F > P_0$ 或 $\Delta U > \Delta T$),预支护结构保障基本维持围岩的原始状态,合理发挥围岩的自承能力,避免引起过大的松弛变形甚至坍塌事故;"受力独立性综合技术"[$P_V = 2a(3a_1^2 - a^2)/(3a_1 f)$——隧道围岩应力近似解均与跨度的平方成正比],采用变形协调控制技术和开挖能量控制技术等强化并保障隧道中间柱状体区域的受力变形合理设计状态,有效解决了连拱隧道和小净距隧道在开挖支护过程中相互影响的难题;"变形协调控制技术"($P + T \geq P_0$),通过结构控制措施保障基本维持岩土体(围岩)的原始状态,有效控制任何部分岩土体(围岩)都起到发挥地下结构体系的平衡作用,把结构承担的荷载或负担转变为起到结构平衡作用的抗力或资源,合理发挥围岩的自承能力,减少地下工程建设岩土体自身与环境的相互影响,确保隧道下穿松散堆积体、高速公路和城市已有建筑物等复杂环境的施工安全;相比隧道设计施工规范中"光面爆破、锚喷支护、监控量测"三大原则,项目组提出的四项关键技术既方便又有利于保障地下工程结构施工质量与安全。因此,地下工程平衡稳定理论体系与关键技术揭示了地下工程受力变形状态稳定平衡的实质,保证了地下工程结构构造设计和施工工艺的合理性及力学分析结果的正确性,避免了部分地下工程结构出现受力路径转移与变形不协调等病害,为地下工程选择更好的设计施工方案提供了决策依据,也有利于解决许多复杂的地下工程问题。实践证明,绝大多数地下工程施工失效问题是没有把握地下工程受力变形状态稳定平衡的实质,并且没有根据围岩承载能力的不同阶段,分类预防和控制工程质量与安全等造成的。

6.2 工程结构分析理论体系四个层次的统一性问题

工程结构分析理论体系包括四个层次:①基本力学规律(平衡稳定、合理发挥围岩的自承能力等);②容易理解与掌握的力学概念(基本维持围岩的原始状态、变形协调控制、力的合理转移路径、目标控制与过程控制等),运用这些力学概念,对工程结构受力特性进行直观判断,可以验证复杂分析中容易忽视的因素或由于思维惯性带来的不足,减少设计或施工失误、防止灾变发生。掌握了这些力学概念,在设计、施工及管理过程中可以方便地把握实际工程结构的受力特性,使其始终处于稳定平衡与变形协调控制状态,确保工程结构安全有效;③基本设计施工工法与工艺,是实现上述规律和概念的手段与保障;④实际工程状况与结构体系设计施工方案(基础状况、荷载状况、环境影响、合理结构与构造体系、施工工法等)是操作层面的具体措施。

上述四个层次在实践中是统一的,说明工程结构分析理论体系都是在逐级完善的过程中实现统一的,避免了"高屋建瓴而不见瓴"现象,体现了战略的普遍适用性。

6.3　工程设计施工理论战略普遍性与战术适用性问题

从宏观上看,各种地下工程理论,包括矿山法、新奥法、浅埋暗挖法、挪威法、新意法等,其力学本质差别不大,均具有战略意义上的指导作用和普遍性。实现这些战略意图需要上述第③层次中的合理施工工法做保证,同时需要第④层次中的具体措施针对实际工程状况开展设计和施工。而在表现形式上,各种理论差别较大,应该具体问题具体分析。因此,各种方法具有战术意义上的适用性。

以隧道工程为例,通过近2个世纪的探索,形成了各种设计理论和工法,如新奥法、浅埋暗挖法、矿山法、地下工程平衡稳定理论等,这些设计理论和工法在隧道建设实践中发挥了十分重要的作用。实际上,能够适用任何隧道建设的理论和工法是不存在的,当某种设计理论和工法不适用某些隧道的具体实践时,就说明该理论和工法存在缺陷、有待改进。

好的理论不但能够解释隧道的力学行为,而且能够推动工程建设进步。但每个理论和工法都受限于其出现的时机和历史条件,在遵循基本力学规律的前提下,应做到具体问题具体分析,这样才能实现工程设计施工理论战略普遍性与战术适用性的统一。

6.4　理论的大众化便于过程控制与目标控制相结合

坚持第①层次基本力学规律或本质(如平衡稳定、充分发挥围岩的自承能力等),使工程设计和施工实践不会偏离正确的方向,是目标管理的范畴。而剖析各种规律的表现形式,提炼容易理解与掌握的力学概念(如基本维持围岩的原始状态、变形协调控制、力的合理转移路径、目标控制与过程控制等),运用这些力学概念,对工程结构受力特性进行直观判断,可减少工程失误、防止灾变发生,是过程控制与管理的范畴。这些大众化的概念便于设计、施工人员在实际工程结构体系的设计、施工及管理中把握。因此,将深奥的理论用大众化的基本概念表述,利于普及和掌握。通过理论的大众化阐述,将工程过程控制与目标控制相结合,可将问题解决在萌芽中,而避免问题出现在施工、运营等应用过程中后再采取补救措施,使得实际工程结构体系始终处于稳定平衡与变形协调控制状态。例如,图6.5所示为川藏公路排龙天险段,改造前险象环生,容易发生交通事故;图6.6所示为通过系统四隧两桥改造工程建设,防治了山体坍塌、河流水毁与泥石流等危害,保障了公路交通安全。

图 6.5　川藏公路排龙天险改造前状况

图 6.6　桥隧组合工程有效防止灾害示例

【问题 6.1】隧道膨胀围岩拱架新型定量让压耗能连接装置及应用，在隧道及地下工程的建设过程中，尤其是在深部地下空间及复杂地层时常面临围岩大变形、岩爆、塌方及突水涌泥等灾害。

为了预防或避免这些灾害，国内外的专家和学者对地下结构的支护做了大量研究和实践，现行的拱架形式主要包括 U 形钢拱架支护、钢管约束混凝土拱架支护、让压锚杆支护、让压拱架支护等。其中，U 形钢拱架支护是软岩巷道中最常用的被动支护手段，它通过提供被动的径向支护力，直接作用于巷道围岩表面来平衡围岩的变形压力，约束围岩变形，但 U 形钢拱架在支护时存在较多问题：①支护强度不足；②工作阻力低；③支护支撑能力得不到充分的发挥，严重降低了材料利用率，支护效果得不到保障；④不能定量让压。钢管约束混凝土拱架是一种承载力高、具有一定可缩性、施工方便、具有良好力学性能的支护形式，但也存在以下问题：①圆形截面的钢管混凝土拱架与围岩表面接触面积小，易造成应力集中；②成本偏高；③缺乏井下专用安装设备；④拱架质量较大；⑤不具有定量让压功能。让压锚杆支护由于稳定岩层的不确定性或误差会使操作人员产生不安全的感觉，让压拱架支护相对上述支护方式具有较好的工程适用性和安全性，可以大大减少灾害的发生，在过去数十年的工程实践中，人们制造了很多具有让压功能的支护材料和支护结构，并对原有的刚性支护结构进行改进,增加支护的可缩性。然而,现在用于地下工程的让压拱架支护大都只考虑变形的问题,让压拱架支护仅仅能进行自由让压,能够实现拱架支护在工作中钢结构耗能定量让压装置并无报道。

【**解决方法**】提供一种适用于地下工程拱架支护的结构简单、安装方便、让压时机及让压量人为可控的新型定量让压耗能连接装置及制作方法,尤其适用于各种深部、软岩等大变形,难支护的巷道、隧道及硐室群等地下工程的拱架支护的让压连接装置的实现。解决其技术问题所采用的技术方案是:一种新型定量让压耗能连接装置,包括让压核心构件、让压核心套管、上部连接装置、下部连接装置、上部顶板、下部底板、接头连接装置、滑动孔一和滑动孔二、上部连接螺栓、下部连接螺栓、支护主结构的上部拱架结构板、支护主结构的下部拱架结构。其中,所述让压核心构件与上部顶板固定连接,让压核心套管与下部底板固定连接,上部连接装置连接于上部顶板上,下部连接装置连接于下部底板上,在上部连接装置上设置滑动孔一,在下部连接装置上设置滑动孔二,接头连接装置固定于上部连接装置上的滑动孔一和下部连接装置上的滑动孔二中,通过接头连接装置将上部连接装置和下部连接装置紧密连接在一起,连接有上部连接装置和让压核心构件的上部顶板与连接有下部连接装置和让压核心套管的下部底板进行拼装,形成新型定量让压耗能连接装置盒装结构,再通过上部连接螺栓、下部连接螺栓将新型定量让压耗能连接装置盒装结构与支护主结构的上部拱架结构板、下部拱架结构进行连接,如图6.7所示。

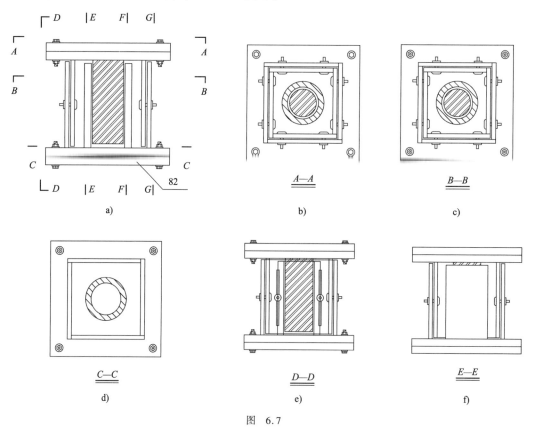

图 6.7

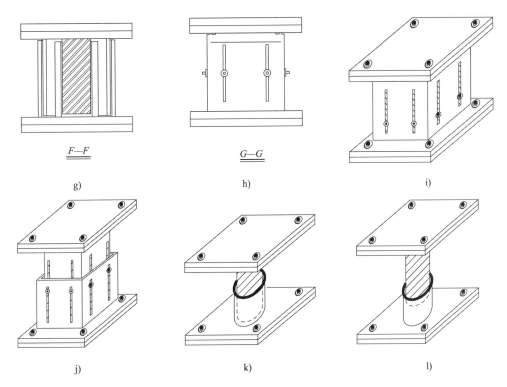

图6.7 隧道膨胀围岩拱架新型定量让压耗能连接装置

现有挤压大变形围岩隧道初期支护破坏甚至安全问题较为突出,传统开挖—支护设计施工方法难以解决上述问题。实践证明:①在保持隧道掌子面基本稳定的前提下,短开挖及时支护封闭成环,可以减少围岩挤压变形;②挤压大变形围岩隧道开挖后初期变形是必需的,稳定—让压支护控制围岩一定变形有利于合理发挥围岩自承能力;③在没有足够径向支护强度的条件下,挤压大变形围岩的自承结构较难形成,同时支护结构也极易失效,围岩很难形成稳定有效的承载结构;具有一定刚度和强度的拱架是一种行之有效的解决途径。因此,合理开挖方式、一次让压支护、二次刚性支护是合理发挥挤压大变形围岩自承能力的有效途径(图6.8~图6.10)。

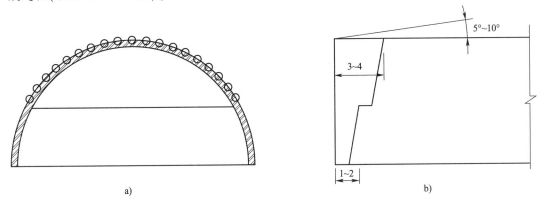

图6.8 短台阶预留核心土近似全断面施工方法示意图(尺寸单位:m)

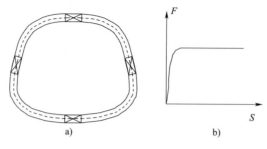

图6.9 让压拱架与受力变形规律示意图

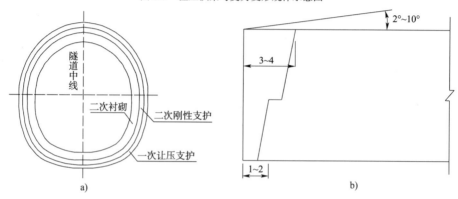

图6.10 挤压大变形围岩隧道支护与施工示意图(尺寸单位:m)

【问题6.2】 随着沿海城市扩展,公路建设需要穿越海涂涌潮区,公路内侧填海造地,进行新区开发,因为桥梁穿越海涂涌潮区会影响新区和海洋风景,所以新区规划采用公路隧道穿越海涂涌潮区。公路隧道浅埋穿越海涂涌潮区既利于填海造地又利于公路纵坡,如何设计施工,才能确保隧道施工安全和消除海涂涌潮影响呢?

【解决方法】 针对现有新建隧道需要浅埋穿越海涂涌潮区的修建技术,如浅埋暗挖施工技术、沉管技术等均不能满足公路隧道浅埋穿越海涂涌潮区既利于填海造地又利于公路纵坡的要求;而类似浅埋穿越海涂涌潮区的隧道修建技术在隧道区基坑侧面采用喷射混凝土、底层采用普通垫层等措施难以防治海涂涌潮渗漏问题,直接影响隧道下半部钢筋混凝土现场浇筑质量和结构耐久性。结合水利部门海涂围垦造地经验,政府先委托水利部门按照公路隧道设计线位修建海涂防治涌潮坝,再设置隧道区防治海涂涌潮渗漏和不均匀沉降的可靠结构及取消抗拔桩等优化措施,最后按设计要求施工隧道结构,这样就能确保隧道施工质量与安全和消除海涂涌潮影响(图6.11~图6.17)。

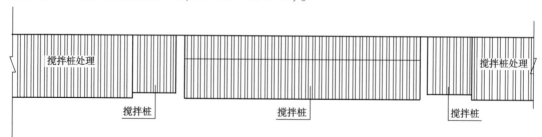

图6.11 两侧防治海涂涌潮坝和隧道区防治海涂涌潮渗漏及沉降等区域的地基处理施工图

第6章 地下工程平衡稳定理论在工程中的应用

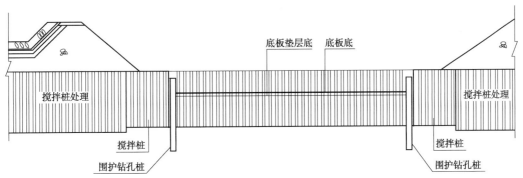

图 6.12 两侧防治海涂涌潮坝和隧道区防治侧移与渗漏的围护钻孔桩施工图

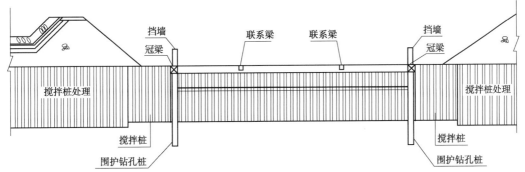

图 6.13 隧道区两侧围护钻孔桩后插入预制结构板和防治施工安全的冠梁等支撑及挡墙施工图

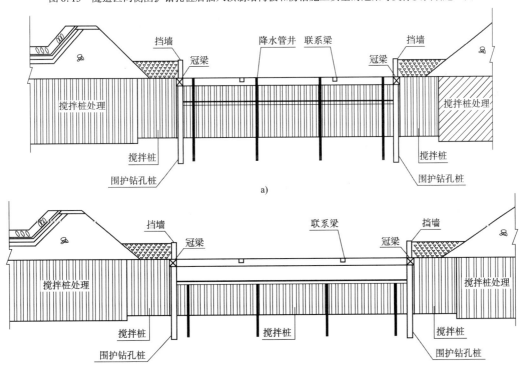

图 6.14 隧道区开挖基坑、底板基层预制钢筋混凝土结构施工图

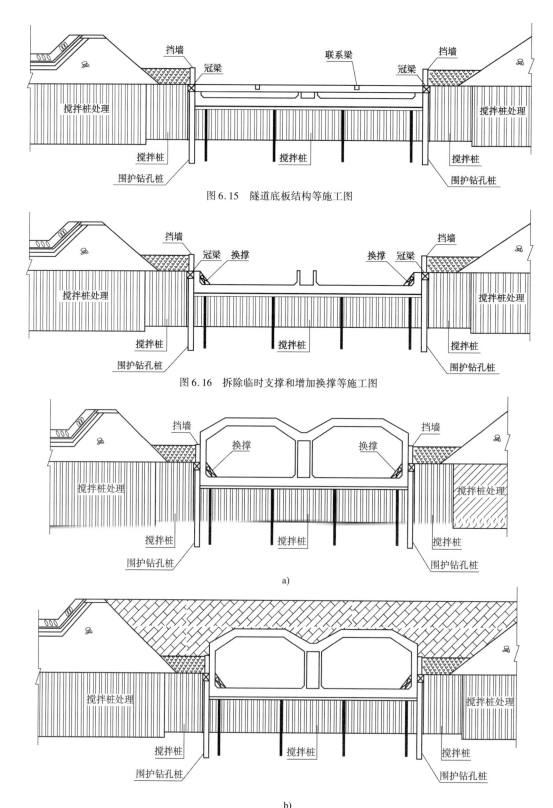

图 6.15 隧道底板结构等施工图

图 6.16 拆除临时支撑和增加换撑等施工图

a)

b)

图 6.17 隧道上部主体结构施工图

第6章 地下工程平衡稳定理论在工程中的应用

【问题6.3】 山区公路隧道近似临界稳定(含破碎)围岩近似全断面施工方法,我国修建的许多山区公路隧道近似临界稳定(含破碎)围岩均采用 CD/CRD 法、多台阶法或多种组合方法进行施工,如图 6.18 所示,但各分部纵向开挖支护长度不同,会造成隧道施工过程空间稳定性不足或难以形成有效承载结构层。另外,隧道设计是平面力学问题,而隧道分部开挖支护施工又是空间力学问题,隧道设计与分部开挖支护施工力学问题存在分歧,当隧道近似临界稳定(含破碎)围岩较差时,往往发生隧道施工坍塌现象甚至伤亡事故。

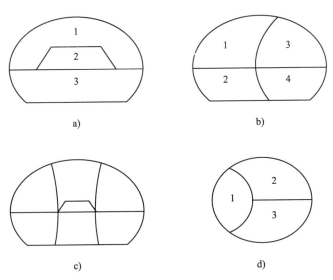

图 6.18 隧道规划或手册中各种分部开挖支护方法示意图

【解决方法】 采用缩短隧道分部开挖支护施工的纵向长度,使得隧道分部开挖支护施工接近平面力学问题,在山区公路隧道近似临界稳定(含破碎)围岩施工实践形成了两种有效的山区公路隧道近似临界稳定(含破碎)围岩近似全断面施工方法。

① 当隧道施工过程中掌子面基本稳定时,宜采用下导洞适度超前近似全断面施工方法,如图 6.19 所示。Ⅲ、Ⅳ、Ⅴ级围岩隧道在强预支护下,采用下导洞超前 3~5m、其余近似全断面平行每次进尺 1~2m,及时紧跟强初期支护并承担全部荷载,确保隧道结构施工过程稳定平衡。

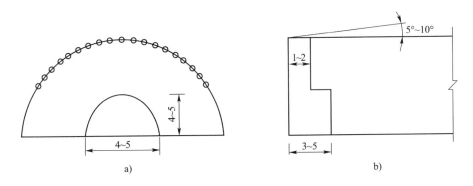

图 6.19 下导洞适度超前近似全断面施工方法示意图(尺寸单位:m)

②当隧道施工过程中掌子面临界稳定时,宜采用短台阶预留核心土近似全断面施工方法,如图 6.20 所示。Ⅲ、Ⅳ、Ⅴ级围岩隧道在强预支护下,采用短台阶且上下台均预留核心土,上下台阶平行每次进尺 1~2m,及时紧跟强初期支护并承担全部荷载,确保隧道结构施工过程稳定平衡。

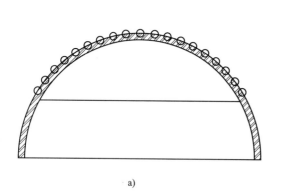
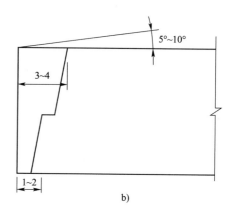

图 6.20 短台阶预留核心土近似全断面施工方法示意图(尺寸单位:m)

【问题 6.4】山区公路深埋圆管涵控制裂缝的设计施工方法,随着国家新型区域协调发展规划的实施,需要修建许多山区公路,设置深埋圆管涵是高填方山区公路的经济实用方法,但也有部分深埋圆管涵出现开裂现象,必须从力学分析着手研究改进山区公路深埋圆管涵控制裂缝的设计施工方法。

【解决方法】针对现有深埋圆管涵规范没有从力学概念说明深埋圆管涵如何避免开裂风险问题,直接用力学方法分析深埋圆管涵如何避免开裂风险,并找到深埋圆管涵的控制开裂方法。

第一步,直接用力学方法分析深埋圆管涵开裂原因。

由图 6.21a)可知,深埋圆管涵设计荷载为

$$P_{设计} = H \cdot D \tag{6.4}$$

由于圆管涵刚度大于路基刚度,圆管涵设计荷载呈矩形分布小于圆管涵实际荷载,呈类似倒梯形分布,浅埋圆管涵超额受力在安全范围之内;深埋圆管涵超额受力会导致圆管涵开裂,事实上深埋圆管涵的薄弱部位或环节是圆管涵开裂,应该防止诱发不利作用力和能量都向圆管涵结构转移或集中作用,即深埋圆管涵实际荷载:

$$P_{实际} = H \cdot (D + H\sin\alpha) \tag{6.5}$$

式中:H——圆管涵顶部以上填方高度;

D——圆管涵直径;

α——实际荷载扩展角;

$P_{设计}$——深埋圆管涵设计荷载;

$P_{实际}$——深埋圆管涵实际荷载。

显然,

$$P_{实际} > P_{设计} \tag{6.6}$$

如果 $P_{实际}$ 超过深埋圆管涵允许应力,深埋圆管涵必然会产生裂缝。

第二步,直接用力学方法寻找深埋圆管涵,减少荷载的方法。

由图 6.21b)、图 6.22 可知,在深埋圆管涵顶部路基设置形成土拱引导垫层,如厚 $D/6 \sim D/4$ 泡沫等弹塑性材料,再进行填方施工,垫层上路基块体或颗粒有下沉趋势但又遇到垫层阻碍,路基自然形成土拱,土拱上部荷载转移给附近路基承担,则深埋圆管涵顶部路基的平衡公式如下:

$$P_1\cos\alpha_1 + P_2\cos\alpha_2 + T = W \tag{6.7}$$

式中:P_1,P_2——路基块体或颗粒之间的相互支持力;
$\qquad W$——路基重力;
$\qquad T$——圆管涵顶部路基压力(路基压力 T 尽可能小)。

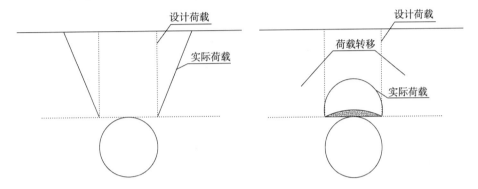

a)圆管涵荷载呈类似倒梯形分布　　　　b)圆管涵荷载呈类似塌落体分布

图 6.21　深埋圆管涵受力特征示意图

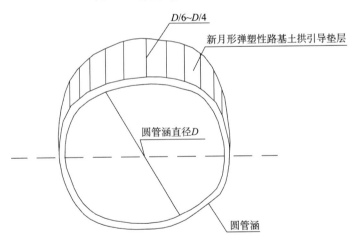

图 6.22　深埋圆管涵顶部路基形成土拱引导垫层示意图

因此,圆管涵设计荷载呈矩形分布大于圆管涵实际荷载类似塌落体分布,其上部荷载转移给附近路基承担,这样不管浅埋或深埋,圆管涵受力都在安全范围之内,不会开裂,即深埋圆管涵实际荷载。

$$P_{实际} = \frac{D}{2} \times D \tag{6.8}$$

式中：$H \approx D/2$，远小于圆管涵顶部以上填方高度。

显然，

$$P_{实际} < P_{设计} \tag{6.9}$$

这样部分填方荷载转移给附近路基承担，深埋圆管涵自然不会产生裂缝。

【问题6.5】 我国20世纪80—90年代修建的许多山区公路隧道采用缩短隧道长度，形成洞口路堑边坡的方案，达到节约资金的目的，但也形成了图6.23所示的隧道洞口边坡滑坍风险问题。

a)　　　　　　　　　　　　　　　b)

图6.23　隧道洞口边坡出现块体滑坍风险的照片

某隧道洞口顶上1~1.5m高的边坡有滑移块切出，上部切口宽约1m，深2~3m，下部切口已突出且渗漏水，滑移块长约15m，高约10m，宽6~10m，体积500~1000m³，隧道流量约17000辆/日，超过设计流量15000辆/日，隧道洞口上部滑移块体已严重威胁行车和人员安全。如何处治？必须从力学分析着手，研究山区公路隧道洞口边坡滑坍风险的防治方法。

【解决方法】 针对现有山区公路隧道洞口边坡滑坍风险的防治方法有利有弊的特点，直接从安全管理角度用力学方法分析山区公路隧道洞口边坡滑坍风险，寻找更安全稳定的防治方法。

临时处治建议：①在该隧道前后节点范围封闭隧道通行，组织相邻隧道双向通行；在该公路交叉点范围组织车辆绕行；②封闭滑移块上部切口；③组织滑移块风险评估工作并落实加固改造方案。

四个加固改造方案评价：①锚栓加固滑移块方案：鉴于滑移块下部已切出，潜孔钻打孔冲击可能激发滑移块滑动，存在施工安全风险，并且锚固效果不好、加固后锚固工程质量难以保证，该方案不合适。②抗滑桩支挡方案：鉴于滑移块下部切口距离洞口下边坡只有1~1.5m，抗滑桩前面没有平衡体，抗滑桩基坑爆破施工可能激发滑移块滑动，存在施工安全风险，并且抗滑效果保障难以到位，该方案不合适。③挖除滑移块卸载加固方案：该方案可能影响相邻隧道顶部的平衡体系，增加隧道衬砌受力，可能造成隧道衬砌开裂以及洞口边坡后续稳定性；另外，山区道路很小，重新修路、弃渣场等环节影响生态环境，不符合美丽中国要求。④延长明洞方案：先清除边坡危石，鉴于滑移块

切口位于隧道洞口顶上1~1.5m,做好明洞后洞顶填土大于1倍洞径高,则明洞顶部回填土石方的平衡公式如下:

$$P_1\cos\alpha_1 + P_2\cos\alpha_2 + T = W \tag{6.10}$$

式中:P_1,P_2——填方块体或颗粒之间相互支持力;
　　　W——填方重力;
　　　T——明洞顶部填方压力(填方压力T尽可能小)。

再挖除部分滑移块,对称填在明洞两侧和洞顶,既是弃渣填筑场地又是剩下滑移块的平衡体,不影响生态环境;检查延长明洞回填上部边坡稳定性,再用锚栓或锚杆加固,如图6.24所示。

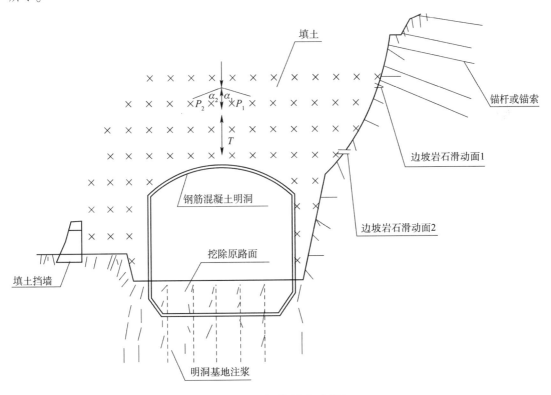

图6.24　延长明洞方案示意图

【问题6.6】沿海城市有许多区域属于软土地层,而在已有高档商务区和高档住宅区的城市主干道的上部不宜新建高架快速路,只好修建地下快速路。这样,在城市主干道下部土层强度较好的情况下,地下快速路与地铁盾构区间工序一般为先明挖浇筑施工地下快速路隧道,再施工地铁区间,此时不需要任何预加固与减沉措施,如图6.25a)所示。但若工程施工区域处于淤泥质软土条件下,地下快速路隧道的下沉非常明显,地铁盾构区间结构在淤泥质软土中也是不稳定的,此时若无任何预加固和减沉措施,则不能满足工程可行性要求,因此需要在上述施工步骤中增加一些必要可行的工序。可借鉴山岭隧道中超前支护的原理,在原有工程施工工序的基础上增加一些必要的预加固与减沉措施等,寻找一种在淤泥质软土中修建地下快速路隧道与地铁盾构区间的行之有效的解决办法。

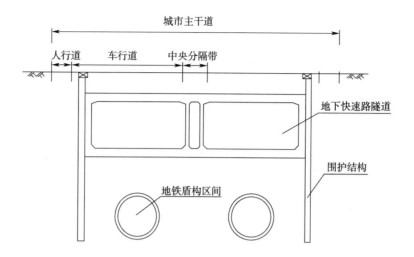

a)地下快速路隧道与地铁盾构区间分建模式示意图

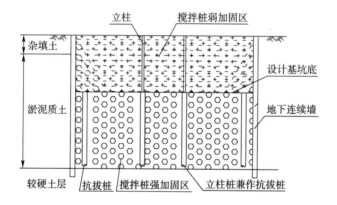

b)地下快速路隧道与地铁盾构区间分建施工工况1：地下连续墙施工、搅拌桩加固、抗拔桩（含立柱桩）施作示意图

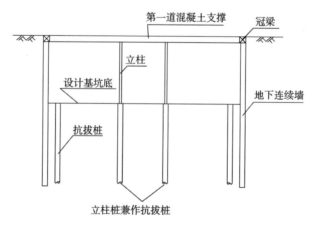

c)地下快速路隧道与地铁盾构区间分建施工工况2：开挖土体至基坑第一道支撑底，浇筑第一道冠梁和混凝土支撑示意图

图 6.25

第6章 地下工程平衡稳定理论在工程中的应用

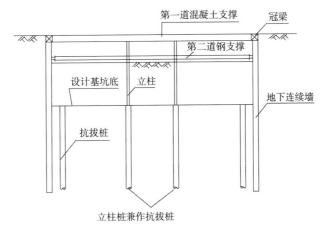

d)地下快速路隧道与地铁盾构区间分建施工工况3：开挖土体至第二道支撑底，设置第二道钢支撑并施加预应力示意图

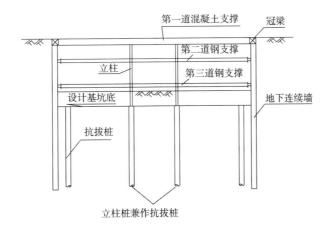

e)地下快速路隧道与地铁盾构区间分建施工工况4：开挖土体至第三道支撑底，设置第三道钢支撑并施加预应力示意图

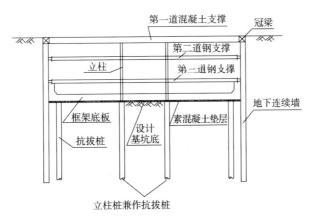

f)地下快速路隧道与地铁盾构区间分建施工工况5：开挖土体至坑底，浇筑素混凝土垫层及地下快速路隧道框架底板示意图

图 6.25

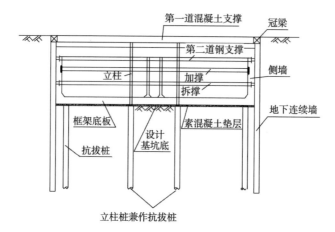

g)地下快速路隧道与地铁盾构区间分建施工工况6：拆除第三道钢支撑，浇筑侧墙，待侧墙达到设计强度后加撑示意图

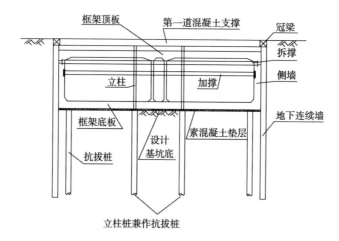

h)地下快速路隧道与地铁盾构区间分建施工工况7：向上拆除第二道钢支撑，浇筑框架顶板示意图

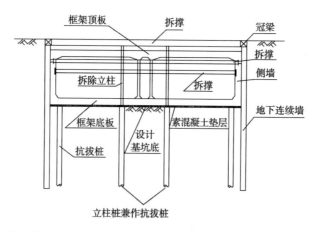

i)地下快速路隧道与地铁盾构区间分建施工工况8：待顶板达到设计强度后拆除第一道支撑及框架内支撑，拆除立柱示意图

图 6.25

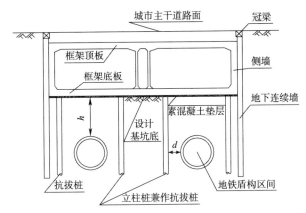

j)地下快速路隧道与地铁盾构区间分建施工工况9:施作顶板附加防水层,填筑覆土,恢复城市主干道路面,后续盾构掘进示意图

图 6.25 地下快速路隧道与地铁盾构区间分建模式及施工工况
h-覆盖层厚度;d-抗拔减沉桩、立柱桩同盾构结构间净距

【解决方法】针对城市主干道下淤泥质软土中地下快速路隧道与地铁盾构区间分建存在问题,即施工时不安全,地下快速路隧道框架结构以及地铁盾构管片衬砌结构不稳定等问题,采用一些必要的超前预加固措施,按普式压力拱理论简化建立模型进行分析,估算盾构区间衬砌结构上部最小覆盖层厚度。

①开挖基坑前,先施作围护结构(地下连续墙)。围护结构施工完成后,用三轴水泥搅拌桩进行地基加固,对地下快速路隧道底板以上的淤泥质土进行弱加固,以便于基坑开挖;对地下快速路隧道底板以下的淤泥质土进行强加固,不仅能够保证地铁盾构推进时的稳定性以及盾构管片衬砌结构的稳定变形,还可以限制地下快速路隧道结构的下沉。

②按设计施作抗拔桩、立柱桩(兼作抗拔桩),抗拔桩的作用一是支撑上部地下快速路隧道框架结构,控制沉降变形;二是盾构推进时会引起上部土体隆起变形,地下快速路隧道框架结构或许有上浮,抗拔桩此时起抗浮作用。

③立柱桩间要预留好盾构穿越条件,便于后期盾构穿越有足够的空间,不至于影响桩基稳定。据经验得到抗拔减沉桩、立柱桩同盾构结构间净距 D 至少为 1.5m。

④在盾构区间衬砌结构上部覆盖层厚度方面按普式压力拱理论简化建立模型进行分析估算,模型如图 6.26 所示,岩石力学参数可现场取样,强加固后的淤泥质土由室内试验获取。最小覆盖层厚度 h 由下式计算:

$$b_1 h^2 + b_2 h + b_3 \leq 0 \qquad (6.11)$$

其中,b_1、b_2、b_3 为系数,分别为:

$$b_1 = \gamma \frac{\tan^2(45° - \varphi/2)}{R_c} F$$

$$b_2 = \gamma a_1 \frac{2\tan(45° - \varphi/2)}{R_c} F + q \frac{2\tan^2(45° - \varphi/2)}{R_c} F - 1$$

$$b_3 = \left(q a_1 - \frac{2 a_1^2}{3 f} \gamma\right) \frac{2\tan(45° - \varphi/2)}{R_c} F + \frac{a_1}{f}$$

式中:h——覆盖层厚度,$h = h_0 + h_1$;

γ、φ——岩石重度和内摩擦角,此处可取样,强加固后的淤泥质土由室内试验获取;

R_c——岩石的单轴极限抗压强度,此处可取样,强加固后的淤泥质土由室内试验获取;

a_1——压力拱半跨,$a_1 = a_0 + h_2 \tan(45° - \varphi/2)$,$a_0$ 为轨面跨度一半;

q——地下快速路隧道框架顶覆盖土以及隧道框架荷载总重;

F——安全系数,工程中一般应采用 $F = 8$;

f——普氏岩石坚固性系数。

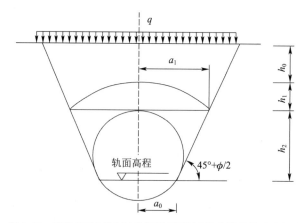

图 6.26 按普式压力拱理论估算覆盖层厚度简化计算模型示意图

【问题 6.7】沿海城市有许多区域属于软土地层,在已有高档商务区和高档住宅区的城市主干道的上部不宜新建高架快速路,只好修建地下快速路。这样在城市主干道下部土层强度较好的情况下,地下快速路与轨交区间工序一般为先施作围护结构,开挖基坑,然后从下到上依次浇筑轨交区间结构、地下快速路隧道框架结构,此时不需要任何预加固与减沉措施,如图 6.27 所示。但若工程施工区域处于淤泥质软土条件下,地下快速路隧道的下沉非常明显,轨交区间结构在淤泥质软土中也是不稳定的,此时若无任何预加固和减沉措施,则不能满足工程可行性要求,因此需要在上述施工步骤中增加一些必要可行的工序。可借鉴山岭隧道中超前支护的原理,在原有工程施工工序的基础上增加一些必要的预加固与减沉措施等。另外,在两种地下结构构造上也做了一些局部优化设计调整,寻找一个在淤泥质软土中修建地下快速路隧道与轨交区间的行之有效的解决途径。

【解决方法】针对城市主干道下淤泥质软土中地下快速路隧道与轨交区间合建存在的问题,采取了一些必要可行的超前预加固措施与优化设计。

①开挖基坑前,先施作围护结构(地下连续墙)。围护结构施工完成后,用三轴水泥搅拌桩进行地基加固,地下快速路隧道框架底板以上的淤泥质软土进行弱加固,便于大基坑开挖,采用水泥搅拌桩弱加固区水泥掺量为 7% ~ 9%。

②基坑开挖,越往下开挖施工风险越大,尤其在淤泥质软土"坑中坑"(在地下快速路隧道框架底板处,即设计大基坑底处继续向下开挖至小基坑底轨交结构底板处)施工存在一定的风险,为此作了以下设计施工考虑:

a. 大基坑底淤泥质软土水泥搅拌桩加固比上部土体要强,对地下快速路隧道框架底板以下的淤泥质土进行强加固,强加固区水泥掺量为15%~20%,不仅能够保证浇筑施工轨交区间结构时的稳定性,还能保证轨交后期运营时的稳定性;

b.在强加固淤泥质软土中从设计大基坑底处继续向下开挖,采用放坡开挖至小基坑底轨交结构底板处,放坡开挖也可以一定程度上减小"坑中坑"施工风险;

c.为控制地下快速路隧道结构和轨交结构的沉降变形,施作桩长为10~15m减沉桩,长度为25~40m立柱桩(兼作减沉桩)。

③地下快速路隧道框架结构与轨交区间结构一般设计为分离结构,是独立的个体,这样不利于控制差异不均匀沉降,如图6.28所示。公路隧道框架结构与轨交结构合为一体,更有利于变形协调,共同分担上部荷载,犹如筏形基础(最常见的为河中行人竹筏),整体稳定性更强,再加上两种结构底板下均布设减沉桩,更有利于控制沉降。两种结构共建在保证安全的情况下,还可节约工期与工程造价。

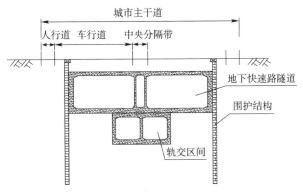

图6.27 城市主干道地下快速路隧道与轨交区间合建模式示意图

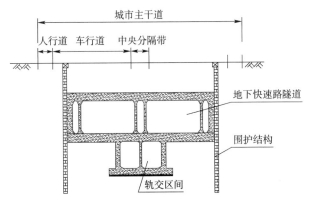

图6.28 局部优化设计后城市主干道下地下快速路隧道与轨交区间合建模式示意图

④为减小轨交结构底板上部附加荷载,以及上部结构沉降变形,扩大轨交结构底板面积(宽度),更有利于应力扩散,进而减小沉降。

$$p = \frac{F}{A} \tag{6.12}$$

$$p = ks \tag{6.13}$$

式中:F——上部覆土、地下快速路隧道结构以及轨交区间结构总荷载传至轨交结构底板的荷载,kN;

A——轨交结构底板面积；

p——荷载强度，kPa；

k——基床系数；

s——与 P 对应的沉降，mm。

从式(6.12)、式(6.13)中可见，A 增加，则 p 下降，在基床系数恒定的情况下，s 降低。

$$s = \psi \frac{p_0}{E}(Z \cdot \bar{a}) = \psi \frac{\Delta p}{E} Z \tag{6.14}$$

式中：ψ——沉降经验系数；

p_0——作用于轨交区间结构底板的附加应力；

Δp——轨交区间结构底板及较硬土层顶上下平均附加应力；

Z——轨交区间结构底板处至较硬土层顶的距离；

$\bar{a}$——轨交区间结构底板处至较硬土层顶的平均附加应力系数；

E——强加固的淤泥质软土压缩模量，可通过取样室内试验获取。

从式(6.14)中可见，Δp、p_0 减小，则 s 降低。

⑤基于桩—土共同作用、协调变形的原理，作者团队研究发现，只需在围护结构地下连续墙内预埋测斜管，不需在基坑围护结构外旁边另埋设土体侧向位移量测斜管，可以反映基坑围护结构水平变形情况。

⑥覆土内的水直接下侵浸蚀地下快速路隧道结构顶板和侧墙，因此在隧道结构顶板和侧墙以及底板做好外包防水卷材，另顶板最好再用防水涂料，防止混凝土结构中的钢筋锈蚀，影响结构力学性能；上部水通过隧道侧墙与围护结构之间的缝隙继续往下渗，轨交区间结构侧墙和底板属防水的加强部位，可借鉴盾构隧道管片中常用的橡胶密封垫以及遇水膨胀橡胶条，在轨交区间结构侧墙和底板外侧用橡胶密封垫以及外贴遇水膨胀橡胶条来进行防水。

地下快速路隧道与轨交区间合建施工工况如图6.29所示。

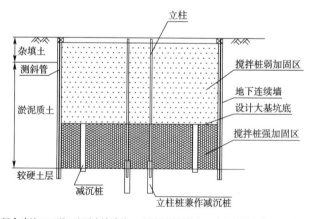

a)地下快速路隧道与轨交区间合建施工工况1:地下连续墙施工（预埋测斜管）、水泥搅拌桩加固、减沉桩（含立柱桩）施作示意图

图 6.29

第6章 地下工程平衡稳定理论在工程中的应用

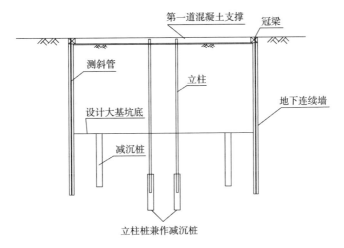

b)地下快速路隧道与轨交区间合建施工工况2:开挖土体至基坑第一道支撑底，浇筑冠梁和第一道混凝土支撑示意图

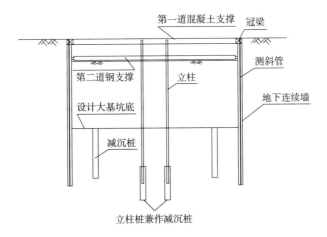

c)地下快速路隧道与轨交区间合建施工工况3:开挖土体至第二道支撑底，设置第二道钢支撑并施加预应力示意图

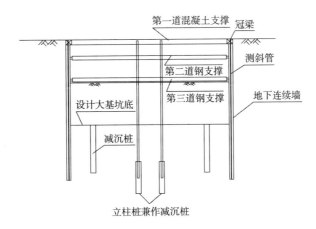

d)地下快速路隧道与轨交区间合建施工工况4:开挖土体至第三道支撑底，设置第三道钢支撑并施加预应力示意图

图 6.29

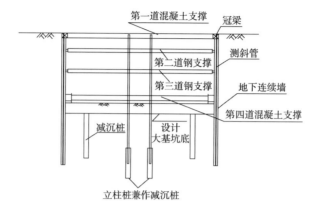

e)地下快速路隧道与轨交区间合建施工工况5:开挖土体至第四道支撑底,设置第四道混凝土支撑并施加预应力示意图

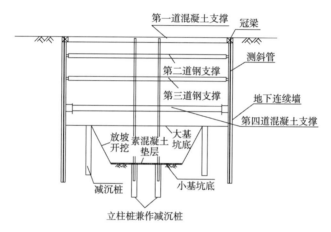

f)地下快速路隧道与轨交区间合建施工工况6:开挖土体至大基坑底,然后按设计放坡开挖至小基坑底、浇筑素混凝土垫层示意图

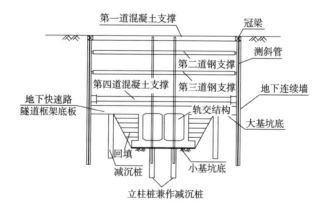

g)地下快速路隧道与轨交区间合建施工工况7:从下往上依次浇筑轨交区间结构底板、侧墙,两侧回填,浇筑地下快速路框架底板示意图

图 6.29

第6章 地下工程平衡稳定理论在工程中的应用

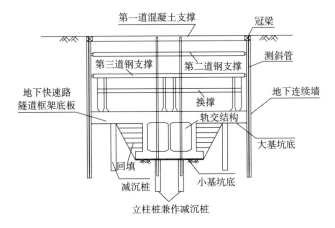

h)地下快速路隧道与轨交区间合建施工工况8:拆除第四道支撑,向上浇筑隧道框架侧墙、换撑示意图

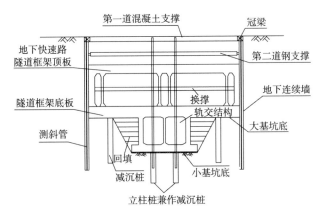

i)地下快速路隧道与轨交区间合建施工工况9:拆除第三道支撑,浇筑地下快速路隧道框架顶板示意图

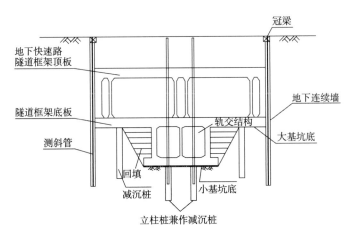

j)地下快速路隧道与轨交区间合建施工工况10:向上依次拆除第二道支撑、第一道支撑,然后拆除换撑示意图

图 6.29

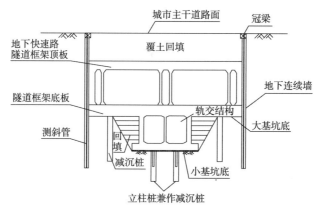

k)地下快速路隧道与轨交区间合建施工工况11:割除格构柱,施作隧道框架顶板附加防水层,覆土回填,恢复城市主干道路面示意图

图6.29 地下快速路隧道与轨交区间合建施工工况

【问题6.8】随着国家大中型城市中轨道交通的建设,需要修建许多盾构隧道,但在地层或结构不均匀过渡段,盾构隧道管片容易开裂,要防治或处理这类问题,必须从不均匀过渡段盾构与地层相互作用力学分析着手研究。

【解决方法】针对现有地层或结构不均匀过渡段盾构隧道管片容易开裂的现象,不同注浆过程和类型会产生不同的盾构与地层相互作用力学关系,按照结构变形协调控制方法改进设计施工,在设计规范的基础上,预先或及时或固有形成有效承载结构层及施工过程控制及空间的稳定性,即"时空效应",特别是施工过程的空间稳定性和变形协调控制问题。确保力按有利于设计路径传递,控制力的不合理甚至有害转移,避免地层开挖面坍陷问题。根据盾构与地层相互作用力学关系:

$$P + T = P_0 \tag{6.15}$$

式中:P——地层之间相互支持力;

T——盾构管片承担的压力;

P_0——与结构状态对应的内外部荷载之和。

由式(6.15)和图6.30可知,P_0为与结构状态对应的内外部荷载之和,是近似不变的,防治地层或结构不均匀过渡段盾构隧道管片开裂现象,应该采用合理设计施工方法,增加地层之间相互支持力P,减少盾构管片承担的压力T。

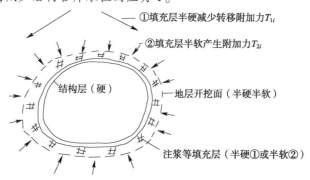

图6.30 不均匀过渡段盾构与地层相互作用示意图

注:填充层半软P下降,T提高,对结构层有害;填充层半硬P提高,T下降,对结构层有利。

第6章 地下工程平衡稳定理论在工程中的应用

由图 6.29 可知,状态①:如果在盾构开挖地层界面与安装管片之间的空隙同步注入硬性浆液,原地层有向空隙移动趋势但又没有移动空间,周边地层就会产生阻止原地层移动的支持力 P,必然减少原地层对管片的压力 T,即地层主应力向管片外侧偏移,对管片结构层有利。状态②:如果空隙填充惰性浆液时,原地层和周边地层由于空隙没有填满,均产生相应松动,向空隙移动,进一步填满空隙,周边地层就会削弱原地层移动的支持力 P,共同增加地层对管片的压力 T,即地层主应力方向共同趋向管片结构中心,对管片结构层有害。

因此,防治或处理地层或结构不均匀过渡段盾构隧道管片开裂现象的设计施工方法如下:①如果盾构隧道设计施工过程达到状态①,就可达到防治地层或结构不均匀过渡段盾构隧道管片开裂现象的目的;②如果盾构隧道设计施工过程处于状态②,就必须采用图 6.31 的方式及时二次补注双液型浆液,再次填充空隙,以控制地层变形,达到稳定盾构与地层相互作用,控制或减少原地层对管片的压力 T,重新修补管片裂缝,达到处理地层或结构不均匀过渡段盾构隧道管片开裂现象的目的。

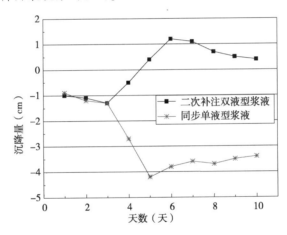

图 6.31 单环单液型与双液型浆液填充控制地层变形效果对比

【问题 6.9】 我国修建的部分山区公路隧道因规划要求,需要穿越高陡临界边坡,设计规范强调按新奥法设计施工,但新奥法隐含适用条件是山体整体稳定,仅仅研究围岩稳定性问题。当山区公路隧道因规划要求,需要穿越洞口高陡临界边坡时,部分设计施工人员往往会忽视洞口高陡边坡稳定性问题,有时会造成洞口施工坍塌甚至伤亡事故,如图 6.32 所示。

图 6.32 山区公路隧道洞口施工发生坍塌的照片

【解决方法】针对部分山区公路隧道穿越洞口高陡临界边坡设计与施工力学存在稳定平衡问题,当隧道洞口高陡临界边坡岩体较差时,往往发生隧道施工坍塌现象,这时必须采用预平衡稳定控制方法:①采用坡脚支挡反压的预平衡稳定控制措施,起到整体稳定洞口高陡临界边坡作用,如图6.33所示;②采用超前管棚+护拱支护零开挖进洞的预平衡稳定控制方案,进一步起到整体稳定洞口临界边坡作用,如图6.34所示;③采用缩短隧道分部开挖支护施工纵向长度的短台阶预留核心土近似全断面施工方法,使得隧道分部开挖支护施工接近设计要求的平面力学问题,减少对洞口高陡临界边坡的扰动作用,起到辅助稳定洞口高陡临界边坡作用,如图6.35所示。当隧道施工过程中掌子面临界稳定时,宜采用短台阶预留核心土近似全断面施工方法,如图6.35所示。Ⅲ、Ⅳ、Ⅴ级围岩隧道在强预支护下,采用短台阶且上下台均预留核心土,上下台阶平行每次进尺1~2m,及时紧跟强初期支护并承担全部荷载,确保隧道结构施工过程稳定平衡。

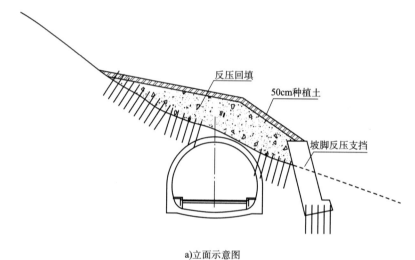

图6.33 隧道洞口高陡临界边坡支挡反压的预平衡稳定控制措施

第6章 地下工程平衡稳定理论在工程中的应用

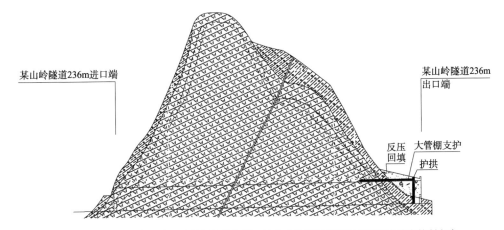

图 6.34　隧道洞口高陡临界边坡的超前管棚+护拱支护零开挖进洞的预平衡稳定控制方案

【**问题 6.10**】目前,国内隧道施工方法主要有两大类:一类是爆破施工,应用在各类隧道工程中,存在尺寸超差不受控、施工危险以及爆破振动过大的问题。高速铁路、公路附近或交叉或接近,以及穿越水域底部浅埋的新建中短长度岩石隧道施工过程中爆破振动受限,不宜采用爆破施工。另一类是机械化施工,分为盾构法施工和悬臂式掘进机施工。前者采用盾构机施工,成本高,运输不便,适用于长距离隧道等大型工程;后者采用悬臂式掘进机施工,当遇到硬岩隧道时,截齿磨损加快,施工效率降低。对于硬岩隧道非爆施工,目前主要有全断面掘进机(TBM)法、悬臂掘进机法、铣挖机法、劈裂法、液压冲击锤法、静态破碎法等。TBM 法施工成本较高,不适用于中短长度的隧道。而其余方法的开采效率要视隧道岩石硬度而定,当硬度过大时,会产生效率太低或挖不动硬岩的问题,很难解决高速铁路、公路附近或交叉或接近,以及穿越水域底部浅埋的新建中短长度岩石隧道施工的经济效率和安全风险等问题。

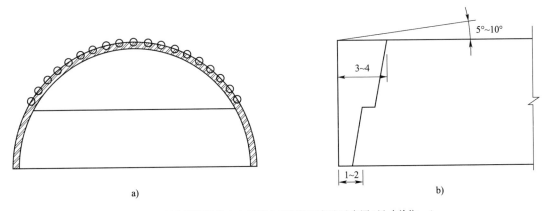

图 6.35　短台阶预留核心土近似全断面施工方法示意图(尺寸单位:m)

【**解决方法**】针对中短长度硬岩隧道开挖经济与效率问题,提供一种新型机械开挖方法,使其能够同时兼顾经济性和效率。具体步骤为:首先在隧道轮廓内的掌子面上每隔一定距离切割若干条平行的竖向槽,每条竖向槽均使两侧岩石形成一定深度的临空面;然后利用破碎设备对竖向槽两侧的临空面施加挤压力,使竖向槽两侧岩体碎裂,实现对隧道的开挖。

原理如下:完整硬岩隧道内部存在许多微观裂隙,在完整硬岩封闭的情况下,能量聚集很大,微观裂隙没有条件释放,液压破碎非常困难,隧道开挖支护经济效率很低,不能满足生产需要。而在完整硬岩基础上每隔50~60cm采用机械切割许多平行竖向槽,竖向槽两端的临空面为硬岩内部微观裂隙释放创造了位移边界条件,能量聚集整体性也降低成局部性,进一步为液压破碎创造了良好条件,加快了生产进度,也控制了安全风险。破碎设备以竖向槽上的某一点作为压裂点施加压力。此时临空面后部的岩体受到的挤压力转化为对岩体的剪切力,而岩石的抗剪强度远比抗压强度小。当挤压力达到一定程度时,硬岩内部微观裂隙扩大,而临空面的存在又使其能够发生位移,由此岩体碎裂。不断地对掌子面上不同点位进行破碎,完成整个掌子面的开挖,然后循环掘进(图6.36、图6.37)。

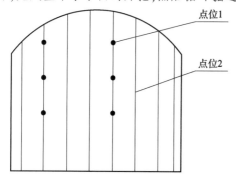 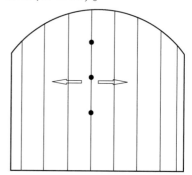

图6.36 竖向槽和压裂点的布置示意图　　图6.37 竖向槽破碎的施工顺序示意图

【问题6.11】现阶段,我国公路、铁路等综合交通发展较快,山区公路、铁路隧道立体交叉现象增多,当山体地质一般并且近距离交叉时,如何处理多条交叉山岭公路、铁路隧道设计施工问题才能避免新建公路隧道施工风险和改善运营公路隧道受力呢？多条交叉山岭公路、铁路隧道设计施工方法就是围绕这个问题展开的。

【解决方法】现有山区公路、铁路隧道立体交叉处理方法容易忽视地层与隧道相互作用的结构力学分析,缺乏宏观定性控制方法,应按如下方法施工。

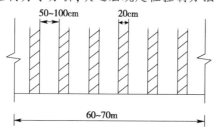

第一步,做已有公路隧道二次衬砌预加固,如图6.38所示。

在隧道立体交叉下部已有公路隧道二次衬砌纵向60~70m范围内,每隔50~100cm,采用MPC胶或环氧混凝土粘贴宽20cm、厚6~8mm钢板到已有公路隧道二次衬砌上,对已有公路隧道二次衬砌进行预加固。

图6.38 已有公路隧道二次衬砌预加固剖面示意图

第二步,做新建公路隧道开挖控制爆破设计施工,如图6.39所示。

在隧道立体交叉上部新建公路隧道开挖进行控制爆破设计施工,根据《爆破安全规程》(GB 6722—2014),交通隧道的最大允许振动速度<10cm/s,运营多年公路隧道建议控制振动速度<5cm/s。综合计算结果表明:在已有公路隧道上部新建公路隧道加强段前后各15m(60~70m)范围内、规划公路隧道交叉60~70m范围内均以1.0m进尺全断面开挖或以1.5m进尺台阶开挖,单段药量控制在5kg,满足上述要求。

第三步,新建公路隧道开挖过程中及时做好初期支护,并做好加强段施工,如图6.39、图6.40所示。

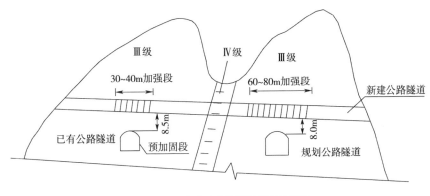

图 6.39 三条交叉公路隧道剖面示意图

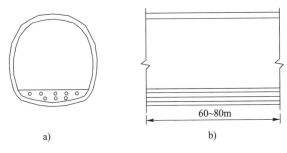

图 6.40 新建公路隧道加强段二次衬砌钢筋混凝土仰拱纵梁组合结构示意图

新建公路隧道每开挖 1.0~2.0m 就及时做好初期支护,确保上部新建公路隧道围岩稳定,紧跟初期支护情况,按规定做好新建公路隧道二次衬砌。

在已有公路隧道上方 30~40m 范围和规划公路隧道上方 60~80m 范围做好上部新建公路隧道加强段二次衬砌钢筋混凝土仰拱纵梁组合结构,有利于改善已有公路隧道受力,并有利于避免规划公路隧道施工风险和改善规划公路隧道受力。

第7章 公路软土地区路基桥头跳车治理方法

软土结构属于灰箱问题,既有清楚的部分(如力),可以进行理论计算,又有大部分不清楚的部分(如变形或沉降),理论计算误差较大,但在实际工程中采用控制措施更有效,这也是作者对比江苏软土灰土路基和浙江软土宕渣路基差异,以及统计浙江软土宕渣路基近20年约50项研究成果应用于公路软土宕渣路基控制桥头跳车的效果不理想的原因,也是作者在嘉兴、宁波等9条公路采用理论计算和结构控制措施相结合的方法才成功解决公路软土地区路基控制桥头跳车问题的原因。

现有的公路软土地区路基处理方法和分析方法很多,有时成功有时只能改善,为什么没有根本解决桥头跳车问题呢?国际上普遍认为软土地区路基应力计算较准确、变形计算误差较大,这与力变形函数关系 $y=f(x)$ 是相矛盾的。问题关键是公路软土地区路基力学分析理论和实际应用方法的软土地区路基受力过程中,软土受力变形状态是变化的,与结构在受力过程中工程力学要求结构受力变形状态不变有差距。

作者针对现有公路软土地区路基分析理论与处理方法存在的问题,研究软土地区路基力学特性,尤其是软土地区路基的流变特性,坚持公路软土地区路基力学分析理论和实际应用方法与工程力学要求相匹配的原则,首次提出采用软土流变下限阈值控制和采用路基下隔板等方法,在现行设计规范的基础上,提出了控制公路软土地区路基受力变形状态稳定性和纵向沉降过渡性的设计方法与成套技术,解决了困扰交通领域几十年的桥头跳车问题,这与土力学奠基人太沙基晚年总结的"土力学与其说是科学,不如说是技术。合理完成土工工程方面的设计、施工就是最大的目的,数学、力学不过是手段而已"相吻合。

①软土地区路基的固结、次固结以及流变特性与路基的受力程度有关,由路基取芯试验(图7.1~图7.3)可知,软土在沉降初期随着时间的增长迅速增大,随后增大趋势逐步变小,并趋于稳定状态。纵向观察对比应力水平分别为25kPa、50kPa、100kPa、200kPa时的流变数据可以发现,当应力水平为25kPa时,流变对软土沉降的影响基本可以忽略不计;而当应力为50kPa、100kPa、200kPa时,流变对软土沉降的影响很大,取芯试验有侧向限制,仅有竖向变形,实际桥头路基沉降没有侧向限制,就存在软土地区路基侧向挤压变形问题,那么当软土地区路基应力达到一定值时,桥头路基沉降就不会稳定。经过系统研究和试验发现,存在"软土流变下限阈值"现象,当软土地区路基土体应力水平(由路基自重加车辆活载引起,含重车振动冲击动力作用)≥土体(软弱黏土)流变下限时,将产生土体次固结流变,软土地区路基工后沉降会很大,不能忽略软土流变对路基沉降的影响。

图7.1 公路软土流变试验

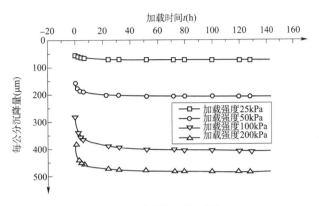

图7.2 公路软土流变曲线

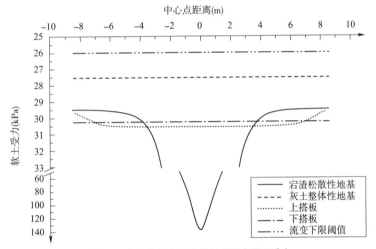

图7.3 公路软土地区路基与地基交界面受力

根据《公路工程技术标准》(JTG B01—2014),选取典型参数汽车试验,车重550kN(约55t),中后轮各4个,着地宽度及长度为0.6 m×0.2m;前轮2个,着地宽度及长度为0.3m×0.2m,车辆外形尺寸取15m×2.5m。宕渣路基材料密度采用2000kg/m³,掺灰土路基密度采用1730kg/m³,软土地区路基流变下限阈值取26MPa。当路基填方高度为1.5m时,软土地区路基与地基交界面受力分析如图7.3所示。其中掺灰土路基比重小,地基具有稳定性,软土地区路基底部应力小于"软土流变下限阈值",避免了汽车集中动荷载的不利影响,没有桥头跳车现象;而宕渣路基比重大,路基没有稳定性,软土地区路基底部应力大于"软土流变下限阈值",汽车集中动荷载影响大,产生桥头跳车现象。

②公路软土地区路基的软土具有大孔隙比、高压缩性、低强度、灵敏度高等特点,容易引发路基工后沉降现象。其核心问题是公路软土地区路基设计分析模型与软土宕渣路基实际受力变形状态不一致(图7.4)。理想路基属于连续体模型,而宕渣路基属于离散体路基,连续体和离散体的主要区别在于:离散体之间可以承受压力,但是基本不能承受拉力,也不能承受力矩;连续体可以承受压力、拉力和力矩。在实际工程中,汽车荷载是典型的点动荷载,会在路基底部形成明显的拉弯区,并非理想状态的纯压力区域,此时如按照现行规范做均布荷载处理,仍使用连续体模型,将会产生很大的误差。

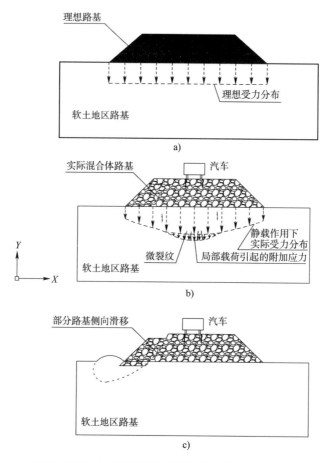

图7.4 公路软土地区路基设计模型与软土宕渣路基实际状态

作者在地形相近和交通情况相当的嘉兴和苏州公路做取芯和开挖试验,两者的主要差别是路基稳定性,1号公路采用宕渣路基,属于松散性路基,既不能有效发挥软土地区路基(含人造)硬壳层作用又不利于软土地区路基的受力,地基底部沉降变形是凸肚型,不符合设计规范模型要求,桥头路基累计沉降 $1.0 \sim 1.5 \mathrm{m}$,存在桥头跳车现象;相反地,2号公路采用掺灰土路基,属于稳定性路基,既能有效发挥软土地区路基(含人造)硬壳层作用,又均布了路面集中荷载,基本控制了软土地区路基受力变形状态稳定性,路基底部沉降变形是平板型,符合设计规范模型要求,桥头路基累计沉降小于 $5 \mathrm{cm}$,经每年定期养护时的少量维护或加铺,没有桥头跳车现象。这揭示了路基稳定性不足和软土地区路基底部应力大于"软土流变下限阈值"是引起公路软土地区路基桥头跳车现象的主要原因,也是宕渣路基施工后长期压缩沉降难以控制的原因。

宕渣无下隔板、无改良土等技术的软土地区路基形成承载结构层效果普遍不稳定,这时软土地区路基受力变形状态有时发生变化甚至失稳,特别是桥头跳车问题。对这一问题的解决,有时成功,有时只能改善,如公路复合路基,如果基本覆盖全路基,接近平面应变问题,但造价很高;如果覆盖率小,控制路基沉降效果则很差。改良土或宕渣增设下隔板等与桩过渡组合技术的软土地区路基可以充分发挥软土地区路基(含人造)硬壳层作用而形成有效承载结构层,能基本控制软土地区路基工后沉降量,有效解决软土地区路基工后沉降问题,特别是桥头跳车问题(图7.5、图7.6)。

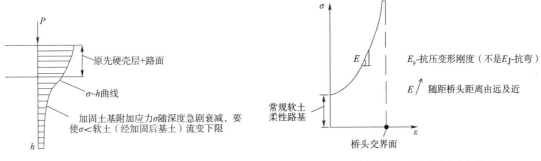

图7.5　软土结构与应力分布关系　　　图7.6　桥头路基抗压变形刚度变化关系

作者在国际上首次提出软土流变下限阈值并首次采用下隔板等措施控制软土地区路基工后沉降,按照结构变形协调控制方法改进软土地区路基设计方法:①路基可以采用EPS、泡沫混凝土、改良土路基、宕渣路基增设下隔板或框格等措施,控制软土地区路基受力变形状态稳定性,并且路基底部(底板)离桥端延伸坡度变化控制在0.4%或倾角控制在0.2°~0.3°以内;②当软土地区路基底部应力值<软土流变下限阈值时,则能控制软土地区路基工后沉降;当软土地区路基底部应力值>软土流变下限阈值时,则要采取工程措施,如轻质路基、宕渣路基增设下隔板或加框格等与桩过渡组合技术,才能将公路软土地区路基工后沉降控制在允许范围之内。因此,要解决公路软土地区路基工后沉降问题,应根据当地软土地区路基特性,使其受力控制在软土流变下限阈值之内,或者采取相应工程措施加以控制。

作者研发了加下隔板或沉降过渡桩组合治理公路软土地基桥头跳车成套技术体系。

【台州某公路工程桥头跳车处治案例】该工程为老桥加宽工程,桥台填土高度为2.4m,软土层厚39.5m;老桥于1999年通车,新桥加宽于2009年完成,采用下隔板上直接填轻质材料的方法。轻质泡沫珠混凝土由泡沫珠(EPS颗粒)、中粗砂、碎石、水泥与水等材料,通过一定的配合比组成设计,经施工拌和而成。本试验工程所用材料均为就近选取,其中,泡沫珠为聚苯乙烯球状颗粒,外掺剂为常用的早强减水剂、微硅粉、粉煤灰等。气泡混凝土是将固化剂(水泥)、水、气泡和其他外掺材料按一定的比例充分混合、搅拌后形成的轻质材料,具有轻质性、重度和强度可调节性、高流动性、固化后的稳定性、良好的施工性、耐久性和优越的环保性等很多特性。成品块体的聚乙烯气泡块(称为EPS块体)换填台后土体,以起到减轻台后土压力的作用(图7.7)。经过4年运行,新桥路基总沉降为4.75cm;老桥采用传统上搭板技术,桥头路基目前仍有沉降,4年路基总沉降为11.23cm,超过加宽的桥头软基沉降量。

【镇海某公路工程桥头跳车处治案例】镇海区某段公路工程所处地貌为海积平原,全线均为软土路段。项目路基断面布置为:4m人行道+3.5m非机动车道+12m机动车道+5m中央分隔带+12m机动车道+3.5m非机动车道+4m人行道=44m。软土地区路基处理主要为桥头路段。桥头路段路基填筑较高,为2~3.5m,为避免桥头跳车现象,保证行车舒适性,采用预应力管桩结合钢筋混凝土框架进行软土地区路基处理。公路软土地区路基下隔板处理纵断面图及平面布置图如图7.8所示。

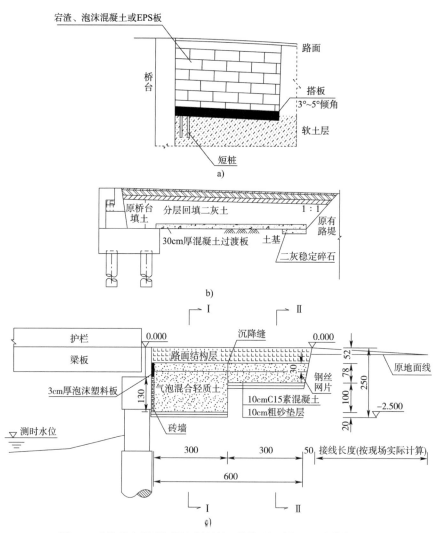

图7.7 公路软土地区路基轻质材料加下隔板处理剖面(尺寸单位:cm)

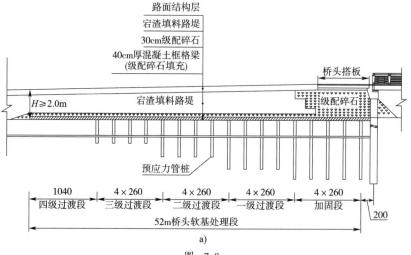

图 7.8

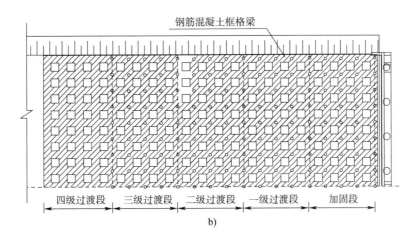

b)

图7.8 公路软土地区路基下隔板处理纵断面和平面布置

桥头软基处理分为加固段和过渡段两种情况。①加固段:桥头10.4m范围加固处理,处理后路面在设计使用年限内的工后沉降不大于10cm,避免桥头跳车现象。软基采用预应力管桩深层处理,管桩正方形布置,桩间距2.6m。管桩顶设置1.2m宽的纵横向钢筋混凝土框格梁,既保证路基受力变形的整体性,又充分利用桩间土及管桩整体受力。根据各桥梁桥头的软基情况,通过理论计算,确定加固段桩长。②过渡段:项目一般路段通过降低路基填土高度,采用堆载预压结合预抛高进行软土地区路基处理,控制一般路段在路面设计使用年限内的工后沉降不大于30cm。在桥头软土地区路基处理加固段和一般路段间设置过渡段,并保证差异沉降的过渡满足渐变率≤0.5%。采用预应力管桩进行软土地区路基处理的路段,其过渡段设置一般有变桩长、变桩距或同时变桩长及桩距三种方式。为保证地基受力变形的整体性,设计采用钢筋混凝土框格梁作为路基下隔板。距离桥头越远的路基填筑高度越低,为确保路基在框格梁间形成土拱效应,不宜加大桩间距。因此,本次设计保持桩间距及框格梁的尺寸不变,通过变桩长过渡。本次设计设置了四段过渡段,根据各桥梁桥头的软基情况,通过理论计算,确定第一、第二及第三段过渡段桩长。第四段过渡段不设置预应力管桩。

【104国道瓯海段桥头跳车处治案例】 温州104国道瓯海段全程10km,属于典型的软土地质段。该路段于2000年改建通车后,由于软土地区路基一直处于工后沉降状态,桥头跳车现象十分严重。全线共有13座桥梁,平均每年须对桥头进行加铺。为了有效地解决桥头跳车问题,2008年以下呈二桥为试验工程,采取4种不同方法对4个桥头进行处治:①"DGRⅠ法"深层注浆加固台背填土快速修复技术(图7.9)。注浆处理长度为50m,注浆孔径为5cm,注浆孔横向布孔5排,纵向孔间距为2~4m,注浆深度为10m,注浆压力为0.5~1MPa,注浆结束12h后开放交通。②去除桥头踏板并在台背填土面注浆联合处治。施工工艺同上。③搭板板底注浆与挡板末端竖向加固处治。从台背填土进行注浆加固,注浆范围为搭板长度加1.5m,注浆孔径5cm,注浆孔按照三角形布置,间距为150cm×150cm,搭板底部浅层注浆,搭板末端竖向注浆深度为10m,注浆压力为0.5~1MPa,注浆结束12h后开放交通。④接坡用水泥稳定层调整,面层用沥青混凝土。此法主要是作为对比方案。试验桥梁桥头

接坡接线路段沉降观测,分别取距离桥台1m、5m、9m处布置3个横向观测点,通过1年的使用观测,总下降为1cm左右,说明深层注浆加固方法效果明显。

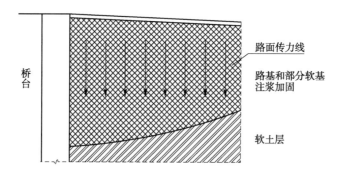

图7.9 宕渣路基掺灰或注浆后受力变形状态

作者从2009年开始应用此技术至今,所有完成的治理桥头跳车问题的工程都是成功案例,打破了浙江历史上认为公路软土地区路基桥头跳车治理是世界难题的说法,为总结和推广治理公路软土地区路基桥头跳车新的设计方法体系打下了良好基础,并取得了良好的社会、经济、生态效益,具有广泛的推广应用价值。现将典型问题总结如下。

【问题7.1】我国沿海地区运营公路软土地区路基桥头跳车现象较多,现阶段运营公路车流量较大,不能中断交通,急需有效方法解决。

【解决方法】现有运营公路软土地区路基桥头跳车问题的解决方法容易忽视路基质量与软土地区路基相对稳定性关系,缺乏宏观定量控制方法。

第一步,计算半幅部分挖除原有路基质量,如图7.10所示。

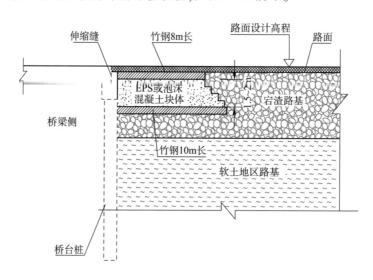

图7.10 运营公路软土地区路基桥头跳车换填轻质材料处理示意图

半幅路基宽3.75m,55t汽车约10m长,开挖原路基深1.2~1.5m,土石路基相对密度2.0t/m³,那么原半幅路基总质量$3.75 \times 10 \times (1.2 \sim 1.5) \times 2.0 = (90 \sim 112.5)$t。

第二步,计算换填轻质材料质量,如图7.10所示。

第7章 公路软土地区路基桥头跳车治理方法

半幅路基宽 3.75m,55t 汽车约 10m 长,开挖原路基深 1.2~1.5m,轻质材料相对密度约 0.8t/m³,那么原半幅地基总质量 3.75×10×(1.2~1.5)×0.65=(29.3~36.6)t。

第三步,计算两者相差质量,如图 7.10 所示。

(90~112.5)-(29.3~36.6)=(60.7~75.9)t

两者相差质量占比 55t 汽车为(60.7~75.9)/55=1.10~1.38

经比较,开挖原路基 1.5m 深较合适,富余度约 1.38。行车道侧经简单支护,另外半幅路基就可通行车辆。

第四步,做好半幅路基通行、半幅路基开挖的安全措施和标识。

第五步,开挖半幅路基 1.5m 深、10m 长,支护行车道开挖路基侧面。

第六步,整平开挖半幅路基底部,铺设 2cm 厚 10m 长竹钢板,起到控制路基底部变形和平均压力的作用,如图 7.10 所示。

第七步,先在竹钢板上面梯形铺设 EPS 等轻质材料,再加铺 2cm 厚 8m 长竹钢板,起到控制路面底部变形和平均压力的作用,如图 7.10 所示。

第八步,在竹钢板上按照规范要求做好路面,开放半幅路基交通,如图 7.10 所示。

第九步,按照第四步~第八步循环做好另外半幅路基,开放全部路基交通,如图 7.10 所示。

【问题 7.2】 我国沿海地区运营公路软土地区路基桥头跳车现象较多,现阶段运营公路车流量较大、不能中断交通。

【解决方法】 现有运营公路软土地区路基桥头跳车问题的解决方法容易忽视路基采用下隔板控制软土地区路基下沉与软土地区路基相对稳定性关系,缺乏宏观定性控制方法。

第一步,做好半幅路基通行、半幅路基开挖的安全措施和标识。

第二步,开挖半幅路基 1.5~2.0m 深、20~30m 长,支护行车道开挖地基侧面。

第三步,靠桥头端打设两排 ϕ60cm、纵向间距 100cm、横向间距 150cm、长 10m 的钻孔桩,离桥头端打设两排 ϕ60cm、纵向间距 100cm、横向间距 150cm、长 5m 的钻孔桩,如图 7.11 所示。

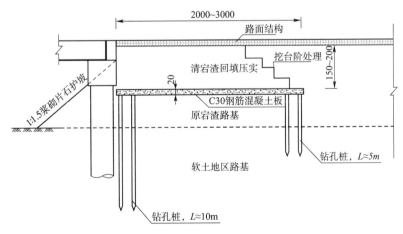

图 7.11 运营公路软土地区路基桥头跳车下隔板处理示意图(尺寸单位:cm)

第四步,整平开挖半幅路基底部,铺设 20cm 厚、20~30m 长钢筋混凝土板,起到控制路基底部变形和平均压力的作用,如图 7.11 所示。

第五步，先在钢筋混凝土板上按照规范要求做好清宕渣路基台阶回填，再做好路面，并开放半幅路基交通，如图7.11所示。

第六步，按照第一步～第五步循环做好另外半幅路基，开放全部路基交通，如图7.11所示。

【问题7.3】2007年嘉兴马家浜附近的320国道南郊河纵二路桥，一级公路，工程共涉及接线(匝道)10条，石灰土路基填筑约12万m^3，根据不同路段的设计要求，施工中分别采用了4%、6%、8%掺量的石灰土进行填筑，4%石灰土用于填方段路槽底与垫层之间以及人行道路基和基层，每层最大压实厚度不超过20cm；6%石灰土用于软基搅拌桩顶翻挖30cm后施工的垫层，分两层施工；8%石灰土位于填方段路槽80cm范围内，共分五层施工，每压实层16cm。路基于2006年5月至2007年5月施工，避免在不利季节和雨季施工，气温不低于5℃并在冰冻来临前一个月停止施工，防止灰土表层受冻。这段石灰土路基通车7年，应用效果明显好于同条公路的其余部分宕渣路基。

张家港土壤跟钱塘江的土质差不多，只是黏性略大一点，江苏的做法是就地处材，对现状土壤掺加一定比例的5%～8%石灰，对土壤进行稳定，掺加12%石灰用作路面底基层，替换路面水泥稳定碎石底基层，而且质量好。

S203省道改建工程路基土质主要为黏土和粉土(钱塘江吹填上来的土)两大类。通过三个路段的掺生石灰试验(5%、6%、8%、10%)对土质进行改良，通过压实度、CBR、弯沉三大指标的现场检测来检验改良性能是否能符合《公路路基设计规范》(JTG D30—2015)中的具体指标要求。采用石灰—水泥综合稳定法室内、室外试验，固结效果、强度、水稳定性都有明显的提高，见表7.1。

改良土CBR与掺灰量的关系　　　　　　　　　　　　　　　　　　表7.1

掺 灰 比	CBR
3%水泥+3%石灰	28
4%水泥+4%石灰	34
5%水泥+5%石灰	42

【问题7.4】运营公路桥头跳车是指公路工程中桥梁、涵洞等构造物本身与台背路堤的工后沉降差或较大纵坡突变，导致车辆在快速通过路桥交界处时产生颠簸跳跃的现象。目前，通常采用软土地区路基灌浆加固、上部增加桥台搭板的方法进行处治，但没有指明影响桥头跳车现象的关键环节。几十个软土地区路基桥头跳车治理注浆加固处理现场取芯结果表明，基本没有明确的合理结构承载体系，仅有树根状态浆脉等加密在路基或软土地区路基中间。

【解决方法】现有营运公路桥头跳车处治技术没有指明路基受力变形状态整体性、软土流变指标等是影响桥头跳车现象的关键环节，主要通过由路基承载桩和地堤底部通过高压灌浆形成的一定厚度的加强层组成，如图7.12所示。地堤灌浆加强层具有一定的强度和刚度，可以将上部地堤和车辆荷载向下部传递，形成地堤灌浆加强层、桩、软土共同作用路基承载体系，达到路基受力变形状态整体性要求，有效控制路基的后期继续沉降，保证桥头跳车的处治效果。本工艺承载体系受力简图如图7.13所示。

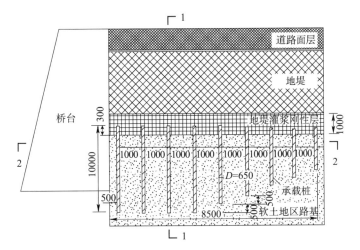

图 7.12 承载体系纵向构造图(尺寸单位:cm)

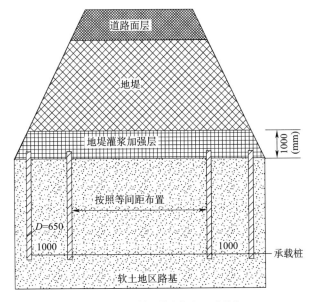

a)承载体系横向构造(尺寸单位:mm)

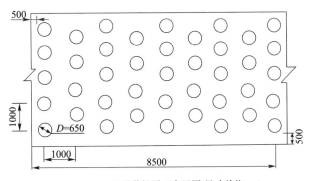

b)承载桩平面布置图(尺寸单位:cm)

图 7.13

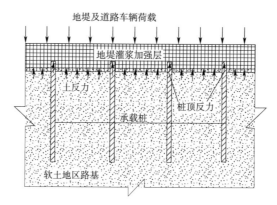

c) 承载体系纵向构造

图 7.13 承载体系受力简图

【问题7.5】目前,含水率偏大(含滩涂、疏浚淤泥分布区等)的软土地区路基,通常采用堆载或真空预压排水固结法,或者堆载联合真空预压排水固结法进行处理,然后采用水泥搅拌桩或者固化剂搅拌形成复合路基。

堆载或真空预压排水固结法有较大局限性。主要表现在:①现有技术是一种由地表向地下深层处理的技术,经济处理深度一般不超过10m;②工期较长;③后续土体仍长期蠕变,路基承载力有限,工后沉降较大;④造价偏高。

吴慧明等研发了一种土体硬化的处理方法,该方法通过注气设备经导管向土体注气,注气完成后通过抽水设备进行抽水作业,该发明只是单一地改善了土体工程力学性状,没有形成复合路基,处理后的路基承载力有限。

吴慧明等研发了不同深度扰动结合排水固结的软土地区路基处理方法和纵横立体分层增压排水路基处理方法。上述两种发明皆是结合堆载加荷或真空预压,排水固结加速,但处理后的路基承载力有限。

鉴于以上问题,一种可缩短工期、造价经济,同时又能提高路基承载力、控制沉降的软土地区路基处理结构和方法亟待开发。

【解决方法】针对目前含水率偏大(含滩涂、疏浚淤泥分布区等)的软土地区路基处理方法中存在的问题,提出一种在PVC管预留孔中高压喷气加速软土地区路基排水固结,进而向上抽水,再采用水泥搅拌桩处理,最后形成复合路基的方法(图7.14~图7.16)。

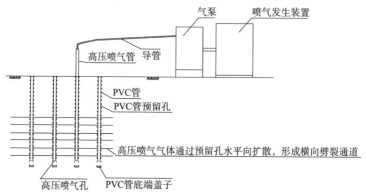

图 7.14 PVC管中高压喷气加速排水固结处理软土地区路基示意图

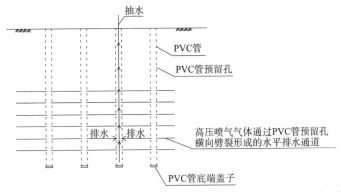

图7.15 PVC管预留孔中高压喷气扩散形成的水平通道排水、PVC管内抽水示意图

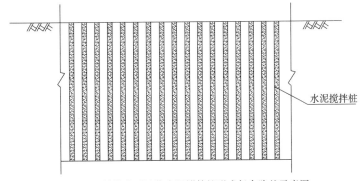

图7.16 抽排水后施作水泥搅拌桩形成复合路基示意图

①与传统的堆载或真空预压排水固结法不同,先施作PVC管,PVC管预留有孔,在PVC管内采用高压旋喷喷气,高压气体通过PVC管预留孔水平扩散,形成劈裂横向通道,软土淤泥中的水汇聚到PVC管内,加速排水固结,然后向上抽水。此方法可缩短工期、造价经济。

②在第①步排水的基础上,土体物理力学指标黏聚力c以及内摩擦角φ均有所提高,有利于施作水泥搅拌桩,即减小了水灰比,水泥搅拌桩容易较快形成早强的水泥土加固体,从而提高路基处理效果。施作水泥搅拌桩,形成复合路基,具有软土地区路基快速处理、提高承载的特点。

本方法可加速排水,缩短工期;土层处理均匀,快速承载有效减小路基工后沉降,还可节约造价等,是一种较好的软土地区路基处理方法。

【问题7.6】我国北纬48°以北,东经118°~126°,行政区域为内蒙古呼伦贝尔市北部的额尔古纳市、根河市、鄂伦春自治旗、兴安盟阿尔山市部分地区以及黑龙江省大兴安岭地区的漠河县、塔河县,地貌以中低山丘陵和河谷阶地为主,本区域多年平均气温-3~-7℃,7月份气温最高,平均为17.9~19.8℃,最高气温达37.1℃,极端最低气温为-46~-49℃。该区域发育大面积岛状多年冻土,多见于河谷阶地地貌地势相对低洼、植被茂密(灌木和塔头草)、阴坡坡脚等地区,恰恰这类地区是公路选线、展线的优质走廊带,这就造成公路大范围穿越岛状多年冻土区,多年冻土一般上限深度0.8~7.8m,一般下限深度3.6~22.8m,体积含冰率一般为0.05%~0.5%,主要为少冰-饱冰冻土,甚至有含土冰层。如国道332线(原省道301线)阿里河至根河、根河至额尔古纳、S308线阿尔山口岸至碾子山公路以及大量的二、三级公路、林区道路等分布于这一地区,大范围的公路受岛状多年冻土的影响出现严重的病害,如路基路面大面积不均匀沉陷,最大沉陷深度超过1.0m,采用浅基础的涵洞、通道断裂也常有发生,严重影响车辆的正常通行。

目前,经过多年的探索和实践,进行了多方面的尝试,如增加路基高度,挖除上部浅层(≤3.0m)多年冻土,采用半挖除、半保护的原则,以及未对冻土的类型进行研究,直接采用保护的原则等,公路穿越岛状多年冻土病害仍没有得到有效的解决和控制,依然存在大范围的路基、路面不均匀沉陷、开裂等病害,所以岛状多年冻土地区公路建设的技术难题依然是今后广大公路参与者共同攻关的方向,任重而道远。

【解决方法】针对以前涉及高纬度寒冷地区新建公路路基岛状多年冻土病害防治方法的有益部分和不足,主要围绕加强防排水设计、采用低矮的板凳桥跨越岛状冻土或路基底部设置钢筋混凝土框架控制路基整体性等措施来开展,就高纬度寒冷地区新建公路路基岛状多年冻土病害防治方法而言,采取以下措施就可避免或减轻公路路基病害。

①加强防排水设计,消除冻害(水害),适当降低地下水位及改善路基范围内水环境,加强排水防护,消除之前工程中针对多年冻土治理普遍存在的"重防护、轻排水"的观念,创新性地提出"先排水、再防护"的原则来治理多年岛状冻土,并将普遍应用于路堑排水、涎流冰治理所采用的盲沟应用于多年岛状冻土治理,采用在砾石盲沟及汇水方向上游设置拦水埂的方式来加强冻土段的排水防护,以达到减轻冻土病害的目的,如图7.17所示。

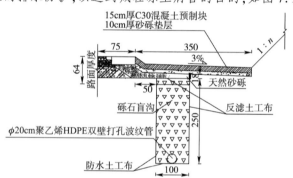

图7.17 新建公路采用砾石盲沟加强岛状多年冻土段路基排水示意图(尺寸单位:cm)

②最大限度地避免扰动或控制原生态环境(保护冻土原则)。通过详细分析多年冻土的类型及下限深度,结合之前的研究成果及经验,对于冻土下限深度>5.0m的不稳定型(Ⅲ)-基本稳定型(Ⅱ)含土冰层、饱冰、富冰冻土,采用热棒的方式来避免冻土的融化,如图7.18所示。对于下限深度>5.0m的基本稳定型-稳定型的含土冰层、饱冰、富冰和多冰冻土,采用通风路基方式避免冻土的融化,如图7.19所示。

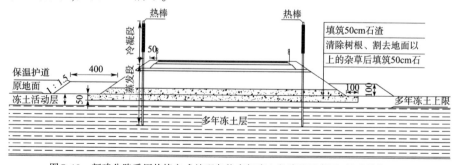

图7.18 新建公路采用热棒方式处理岛状多年冻土段路基示意图(尺寸单位:cm)

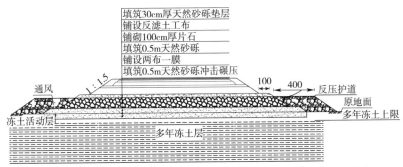

图 7.19 新建公路采用通风路基方式处理岛状多年冻土段路基示意图(尺寸单位:cm)

③对于冻土下限≤5.0m,结合之前工程实践,提出彻底清除岛状多年冻土,换填片石及天然砂砾的方式,彻底消除冻土的病害,如图 7.20 所示。

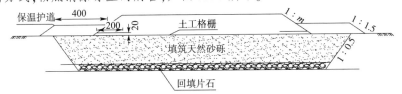

图 7.20 新建公路彻底清除岛状多年冻土路基示意图(尺寸单位:cm)

④对冻土下限>10.0m 的不稳定型(Ⅲ)含土冰层、饱冰冻土,结合其他工程的相关经验,根据力学计算和公路规范要求,采用低矮的板凳桥跨越岛状冻土或路基底部设置钢筋混凝土框架控制路基整体性,如图 7.21 所示。

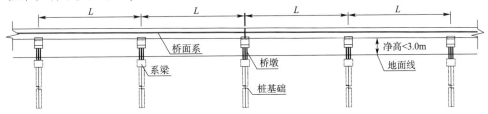

图 7.21 新建公路低矮的板凳桥跨越岛状冻土或路基底部设置钢筋混凝土框架控制路基整体性示意图

第8章 边坡(路基)平衡体系与排水(水毁)问题

水对边坡等工程结构的危害表现为边坡岩土体内水使得其黏结力下降而下滑力、外部水的水势增加产生的冲刷力或冲击力改变岩土体形态或结构等,直接影响边坡支挡结构的安全。因此,既要计算边坡岩土体外部水和内部水对支挡结构的影响,又要有效控制边坡岩土体外部水和内部水对支挡结构的危害,后者更为重要。

8.1 工程结构流体冲击的物理意义与分析方法

山区河流桥梁基础冲刷问题有许多设计施工方法,设计施工规范也有相应规定,主要考虑了流量、河宽、河床地质等条件,设计计算冲刷量一般不准确。根据冲量定理 $MV=Ft$ 可知,河床冲刷量不仅与流量、河宽、河床地质等条件相关,而且与流速、冲刷时间等相关,其中河床地质条件是无法改变的,流量是有条件可控制的;流速、冲刷时间等条件是可控制的;因此,必须从力学分析着手研究防治山区河流桥梁基础冲刷的设计施工方法。

针对现有山区河流桥梁基础冲刷问题没有从力学概念全面说明如何防治山区河流桥梁基础冲刷风险问题,根据冲量定理 $MV=Ft$,采用消能降速涌水池改变流速、冲刷时间等条件,达到防治山区河流桥梁基础冲刷的目的。

第一步,根据冲量定理 $MV=Ft$ 寻找影响山区河流桥梁基础冲刷的关键因素;

根据冲量定理 $MV=Ft$ 可建立单位长度河流的冲刷公式:

$$Q \cdot \gamma \cdot V = F \cdot t \tag{8.1}$$

式中:Q——单位长度河流流量;

γ——水的重度;

V——河流流速;

F——河床冲刷力;

t——单位长度河流流量冲刷时间。

式(8.1)中流量 Q 是不变的;流速 V 是可控制的;冲刷时间 t 是可延时的,河床冲刷力 F 是可改变的;而流量、河床地质等条件是无法改变的。即

$$F = \frac{Q \cdot \gamma \cdot V}{t} \tag{8.2}$$

由式(8.2)可知:采用工程措施可以减小河流流速 V,延长冲刷时间 t,这样就可减少河床冲刷力 F。

第二步,对于山区河流桥梁基础冲刷而言,采用构建消能降速涌水池就能减小河流流速 V,延长冲刷时间 t,从而减少河床冲刷力 F。

第8章 边坡(路基)平衡体系与排水(水毁)问题

由图 8.1 可知,在桥梁基础下游 10～20m 的合适位置,打设 1～2 排 10m 长的预制钢筋混凝土桩,打入河床 9m,作为拦水坝的固定桩;在固定桩上游或中间放置 1m³ 混凝土预制块,高于河床 1m,构建 1m 高的河流拦水坝作为河流消能降速涌水池,达到减小流速 $V(V_0 \rightarrow V_1)$、延长冲刷时间 $t(t \rightarrow t + \Delta t)$ 的目的,就可减少河床冲刷力 $F(F_0 \rightarrow F_1)$,并使得桥梁基础附近河床回淤,逐渐恢复桥梁基础埋置深度,达到防治山区河流桥梁基础冲刷的目的。

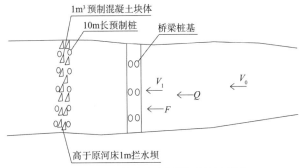

图 8.1 河流桥梁基础冲刷与防护示意图

灾害要区分灾与害(涉及人员和财产安全),有时灾大(多)害小(少),有时灾小(少)害大(多),有时灾大(多)害大(多)。自然边坡存在稳定平衡体系或极限平衡体系,工程设计施工开挖边坡就要满足稳定平衡体系,否则,存在工程风险。

8.2 川藏公路 102 滑坡工程治理

川藏公路 102 滑坡位于波密县易贡乡境内,在 20 世纪 50 年代初期修筑川藏公路时,滑坡已有成灾先兆。1986 年本区降雨特别丰富,引起整个斜坡的蠕滑变形。1991 年 6 月 16 日,此段公路路基急剧下沉 2 m,17 日又继续下沉 1m,18 日路基边坡局部开始坍塌,至 6 月 20 日下午 2 时左右,整段边坡失去平衡,突然快速下滑,大量物质滑入河中,滑体前缘直冲帕隆藏布河彼岸,形成北岸高、南岸低的堵塞大坝(图 8.2),北岸堵塞高度达 50 m,南岸堵塞高度为 10 m 左右,堵塞大坝平均高 20 m,河流堵断 40 min,堵河回水 3.0 km。

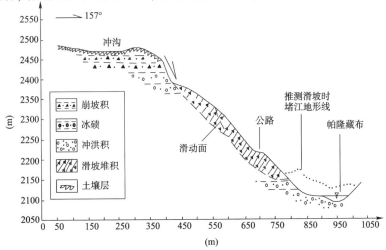

图 8.2 川藏公路 102 滑坡剖面示意图

每年一到雨季,滑坡表面的坡面泥石流、崩塌和滚石不断发生,车毁人亡事故不断。自1991年6月—2000年12月,发生翻车事故20起,死亡9人。滑坡整治措施从2001年7月开始,至2002年11月完工。

川藏公路102滑坡的工程设计主导思想为"减、锚、排、养",即采取适当减重卸载的措施增加滑坡体的稳定性,以锚索肋板墙、桩板墙等的支挡形式填筑冲沟,在滑坡中部形成保通路基,配以多种排水设施排除地表水、地下水,以减小对滑体、路基的冲刷,进一步加强滑体、路基的稳定,并通过加强养护达到保通目的。

该滑坡后壁贯穿性主裂缝是一个很大的隐患,因此需将裂缝回填密实,防止地表水流灌入缝内。为减少帕隆藏布洪水对滑坡坡脚的掏蚀,应在滑坡坡脚沿帕隆藏布修建浆砌石重力式导流挡墙。由于滑动后滑面强度降低,应加强抗滑工程措施。

在路基上边坡的东侧和公路下边坡路肩部位,采用修建预应力锚索肋板墙,直径135mm的预应力锚索768根,每根长25~50m,共32870m(图8.3)。

图8.3　川藏公路102滑坡治理中的预应力锚索肋板墙

虽然川藏公路102滑坡已实现了基本畅通的要求,但该滑坡仍未得到彻底治理。根据现场调查,滑坡后缘山体中有天池,处于亚稳定平衡状态,时常有地下水出露,经常有局部坍落,雨季时坡面泥石流活动较强烈,危及交通安全。

虽然对地下水问题也通过设置排水沟等措施进行了一定的工程措施,但未能对地下水活动进行有效的控制,使得坡面局部坍塌、坡面泥石流、冲沟等仍在发育,危害行车安全。且由于边坡上部有良好的集水环境和渗透性好的厚层冲洪积碎石类砂土,大量地下水进入滑坡体,对滑坡的整体稳定也很不利(图8.4)。

川藏公路102滑坡群故此谷为"总修总烂,像块治不愈的疮",是川藏公路102滑坡群建设中无法回避的难点。

川藏公路102滑坡群整治改造工程路线全长约3.6km,其中隧道长1.725km,将采用三级公路技术标准建造。路线总体上设计速度为30km/h,地基宽度7.5m,路面宽度6.5m,桥梁设计荷载采用公路—Ⅱ级;新建隧道采用设计速度为40km/h,隧道宽度9m,净高5m。彻底摆脱边坡滑坍伴生泥石流的影响!

图8.4　川藏公路102滑坡群塌方造成川藏公路路面尽毁

8.3　城区堆土垮塌诱发伴生泥石流

卫星照片显示,2005年,此处是采石场挖掘出的山谷;2013年,采石场停用,山谷中明显可见大量积水;2014年,废弃的采石场山谷变成渣土填埋场,山谷的出口正对着工业园区。

现场地质专家确认泥石流覆盖6万m^2,平均厚度6m左右。初步查明某市新区垮塌体为人工堆土,原有山体没有滑动。人工堆土垮塌的地点属于余泥渣土受纳场,主要堆放渣土和建筑垃圾,由于堆积量大、堆积坡度过陡,导致失稳垮塌,造成多栋楼房倒塌。堆土垮塌(图8.5、图8.6)诱发伴生泥石流,迅速冲击山谷出口的工业园区结构物,造成多栋楼房倒塌和许多人员伤亡,而不是通常意义上的堆土滑坡坍塌。

图8.5 堆土垮塌诱发伴生泥石流的影响范围

a)堆土垮塌诱发伴生泥石流的影响范围前后对比

图 8.6

b)堆土垮塌诱发伴生泥石流影响范围的实景

图8.6 堆土垮塌诱发伴生泥石流影响范围前后对比及其实景

8.4 山区公路边坡、沟谷治理方法与顺序

超常水动力条件会诱发边坡滑坍伴生泥石流(图8.7),降雨导致的边坡深部地下水位抬升是诱发滑坡的主因(图8.8),开挖支护方法不对会导致边坡坍塌(图8.9)。

图8.7 边坡降雨后发生坍塌照片　　　　图8.8 边坡支护不到位导致坍塌照片

a)　　　　　　　　　　　　　　　b)

图8.9 隧道洞口边坡滑移块治理方法照片

边坡稳定性防治方法:①勘测直接影响边坡滑动、冲刷趋势的范围或面线;②排除边坡深部水、控制冲刷边坡源头水(c、ϕ值直接影响受力分析、源头水冲刷启动条件、支挡层

排水、表层排水等);③开挖支护顺序直接影响基本保持边坡地层原始状态(理论分析依据,否则,差异不好估计);④支挡结构构造工艺可靠,可靠性能差的浆砌挡墙不采用(当前缺乏好的砌筑工艺师傅)。

a)

某隧道洞口顶上1~1.5m高的边坡,有滑移块切出,上部切口宽约1m,深2~3m,下部切口已突出且渗漏水,滑移块长约15m,高约10m,宽6~10m,体积500~1000m³,隧道流量约17000辆/日,超过设计流量15000辆/日,隧道洞口上部滑移块体已严重威胁行车和人员安全。建议:①在该隧道前后节点范围封闭隧道通行,组织相邻隧道双向通行;在该公路交叉点范围组织车辆绕行;②封闭滑移块上部切口;③组织滑移块风险评估工作并落实加固改造方案。

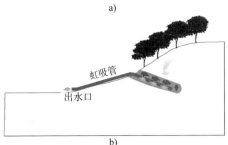

b)

四个加固改造方案评价:①锚栓加固滑移块方案。鉴于滑移块下部已切出,潜孔钻打孔冲击可能激发滑移块滑动,存在施工安全风险,并且锚固效果不好、加固后锚固工程质量难以保证,该方案不合适。②抗滑桩支挡方案。鉴于滑移块下部切口距离洞口下边坡只有1~1.5m,抗滑桩前面没有平衡体,抗滑桩基坑爆破施工可能激发滑移块滑动,存在施工安全风险,并且抗滑效果难以保障,该方案不合适。③挖除滑移块卸载加固方案。该方案可能影响相邻隧道顶部的平衡体系,增加隧道衬砌受力,可能造成隧道衬砌开裂,以及洞口边坡后续稳定性;另外,山区道路很小,重新修路、弃渣场等环节影响生态环境,不符合美丽中国要求(图8.9)。④延长明洞方案。先清除边坡危石,鉴于滑移块切口位于隧道洞口顶上1~1.5m,做好明洞后洞顶填土大于1倍洞径高,再挖除部分滑移块,对称填在明洞两侧和洞顶,既是弃渣填筑场地又是剩下滑移块的平衡体,不影响生态环境;检查延长明洞回填上部边坡稳定性,再用锚栓或锚杆加固(图8.10)。

c)

d)

e)

图8.10 设置隧道或明洞防治沟谷冲刷物损坏公路与否对比

【问题8.1】随着国家大中型城市改造建设和许多山区公路的修建,需要设置许多大型弃土场,确保弃土场稳定和安全,避免弃渣造成人为地质灾害问题,必须从弃土场排水分析着手,研究改进防治山区大型弃土场泥石流的排水设计施工方法。

【解决方法】针对现有山区大型弃土场排水设置缺少底层透水结构和竖向透水结构,容易使得大型弃土场的土层含水率达到饱和,迅速降低土层黏结力,产生向下向外推力,增加山口弃土场支挡结构压力,最不利情况会使支挡结构破坏,产生泥石流灾害。根据冲量定律 $MV=Ft$ 可建立大型弃土场泥石流灾害,其公式为 $Q \times \gamma \times V = F \times t$,直接用力学方法分析大型弃土场泥石流灾害风险,并找到大型弃土场控制泥石流灾害方法。

由图 8.11 可知,大型弃土场泥石流灾害公式:

$$Q \cdot \gamma \cdot V = F \cdot t \tag{8.3}$$

式中:Q——泥石流总量;

γ——泥石流重度;

V——泥石流流速;

F——泥石流冲击力;

t——泥石流冲击时间。

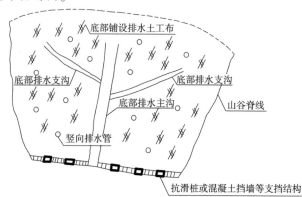

图 8.11 山区弃土场排水与支挡结构示意图

由式(8.3)可知,只要控制大型弃土场的土层泥石流 Q 的含水率,就会增加土层黏结力,减少向下向外推力,减少弃土场山口支挡结构压力,保障弃土场山口支挡结构的稳定和安全;自然就控制了大型弃土场泥石流速度 V 和冲击时间 t,达到防治大型弃土场泥石流灾害的目的。

①清理弃土场地表杂物和修理地表坡度,并适当向底部排水主、支沟倾斜,有利于底部水流向排水主、支沟,使得积水迅速排出弃土场。

②修建底部排水主、支沟。

沿山谷最低处开挖底部排水主沟基础宽 1.7m、深 1.2m;若干排水支沟基础宽 1.2m、深 0.7m;然后浆砌排水沟底部或安装预制半圆管涵底部,排水主沟宽 1.5m、深 1.0m,若干排水支沟宽 1.0m、深 0.5m,有利于排水且不冲刷排水沟基础。最后,浆砌排水沟顶部或安装预制半圆管涵顶部,排水主沟宽 1.5m、深 0.5m;若干排水支沟宽 1.0m、深 0.5m;地表处两边喷水孔 $\phi 5cm$,间距 25cm,有利于底部积水排入排水沟。

③弃土场底部铺设 50cm 厚碎石透水层,其上再铺一层土工布,有利于弃土场底部积水排入排水沟。

④弃土场底部土工布上面每 10m×10m 或 15m×15m 设置 $\phi 20 \sim 50cm$、厚 $5 \sim 10mm$、每

节长2m的PVC带孔外包土工布的竖向排水管,有利于排除弃土场土层内部积水。

⑤根据弃土场山口支挡结构基础地质条件,按照规范抗滑桩或混凝土挡墙等支挡结构。

⑥设置环形截水沟,沿弃土场顶部高程1m以上四周山体布置,在弃土场出口延伸接入自然边沟。

⑦开挖临时纵向排水沟,沿弃土场表面中心布置,与天然沟槽相连通;临时截水沟,沿弃土场纵向排水沟向弃土场顶面两侧呈树枝状布置,与纵向排水沟相连通;排除弃土场填埋中间位置的表面积水。

⑧设置纵向排水沟,沿弃土场顶面中心布置,与天然沟槽相连通;截水沟,沿弃土场纵向排水沟向弃土场顶面两侧呈树枝状布置,与纵向排水沟相连通。

【问题8.2】傍山路基边坡(图8.12)开挖可以利用就地取材的巨大优势来填筑路基,但边坡开挖会破坏原有的路基应力平衡。在边坡内部会发生剪应力,如果它大于路基本身抗剪强度就会发生边坡稳定破坏。

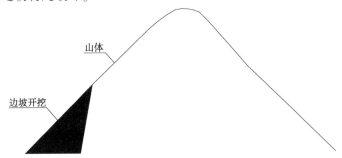

图8.12 傍山路基边坡开挖断面示意图

由于傍山路基边坡开挖极具特殊性,就地取材填筑路基,需要找到一种简单、易操作性的加固处置方法。目前,为了对其进行合理的加固,较多采用极限平衡法及有限元法进行边坡稳定性分析计算。极限平衡法可以事前假定破坏滑动面(圆弧面、折线形,分别如图8.13和图8.14所示),也可以自动搜索圆弧破坏面来定量求取其安全系数,但其不能掌握边坡内部可能发生的局部破坏现象或位移变形;为了掌握边坡总体的力学形迹最终确认稳定性,需要进行有限元数值分析,目前应用较多的为强度折减法,最终算出临界破坏面。一般施工过程中,通常是先对土体进行开挖,边坡开挖完毕后方才根据边坡规范,对边坡稳定性分析计算得到的假定破坏滑动面进行锚固或打设抗滑桩(图8.15~图8.18)。但在该方法施工下得到的傍山地基边坡经常发生滑塌,这表明该方法加固后的边坡并不十分稳定。

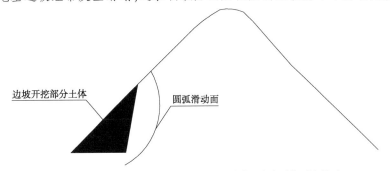

图8.13 傍山路基边坡(土质)开挖破坏了原始路基应力平衡引起滑动(一)

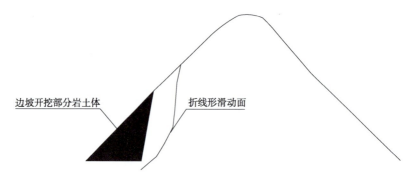

图 8.14　傍山路基边坡(岩土体)开挖破坏了原始路基应力平衡引起滑动(二)

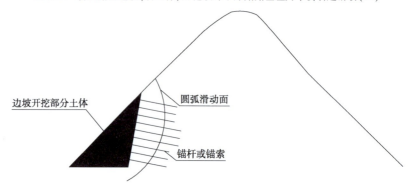

图 8.15　控制傍山路基边坡(土质)开挖引起滑塌的锚杆(索)设置示意图(一)

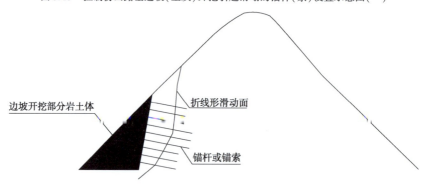

图 8.16　控制傍山路基边坡(岩土体)开挖引起滑塌的锚杆(索)设置示意图(二)

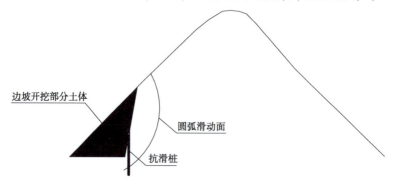

图 8.17　控制傍山路基边坡(土质)开挖引起滑塌的抗滑桩设置示意图(三)

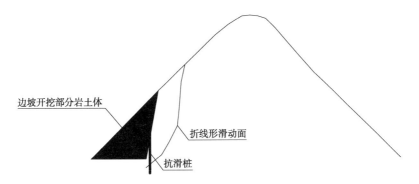

图8.18 控制傍山路基边坡(岩土体)开挖引起滑塌的抗滑桩设置示意图(四)

【解决方法】针对现有傍山路基边坡开挖忽视了原始路基应力平衡而引起的滑动问题,转而从边坡反力平衡系统出发,提供一种傍山路基边坡开挖加固处治的反力平衡稳定加固方法,以控制傍山路基边坡稳定性,防止边坡滑塌。

现有的分析理论惯于从滑动面(根据经验判定滑动面,求取安全系数或用有限元模拟出滑动形迹)入手,开挖土体后再穿越滑动面实施锚杆或锚索加固。但作者发现该方法存在缺陷。尽管极限平衡法及有限元法能够判断出边坡开挖的假定破坏滑动面,但在土体被开挖后,边坡的反力平衡系统被破坏,原先事实上不存在的假定破坏滑动面演变成真实存在的潜在破坏滑动面。此时,再对其进行锚杆或锚索加固,虽然理论上能够控制其滑移,但由于滑动面已真实存在,其在现实中的部分不利条件下,仍然可能产生边坡滑塌事故。

在总结经验和辩证思考的基础上,围绕原始地应力平衡,从反力平衡系统出发改进现有的傍山路基边坡加固治理设计施工方法。该方法运用土力学计算得出在开挖部分土体被动土压力(工程最不利情况)的基础上,在开挖过程中同时将此被动土压力平均分散到各锚杆或锚索等与周围土体的摩阻力或抗滑桩的抵抗力上,简易地控制傍山路基边坡稳定性,防止边坡滑塌。

傍山路基边坡开挖加固处治的反力平衡稳定加固方法,具体为:从上到下对傍山路基边坡进行分层开挖,在开挖的同时采用锚杆或锚索及时对已开挖部分进行支护。

开挖到傍山路基边坡的下半部时,也可先向边坡土体中打抗滑桩,再开挖土体,利用抗滑桩替代锚杆或锚索对边坡的下半部进行支护。抗滑桩的弹塑性变形较小,出现潜在滑移面的可能性较小。需要说明的是,上半部、下半部并不一定完全指边坡的中线以上、以下部分,实际的施工过程中,可以根据现场的自然、施工条件进行调整。

锚杆的选择应满足以下条件:

单根锚杆轴向拉力标准值 N_t 为

$$N_t = \frac{E_p}{n \cdot \cos a} \tag{8.4}$$

式中:E_p——待开挖的傍山路基坡的被动土压力;

a——锚杆倾角;

n——边坡上设置的锚杆总根数。

单根锚杆的轴向拉力设计值 N_a 为

$$N_a = \frac{\gamma_Q \cdot E_p}{n \cdot \cos a} \tag{8.5}$$

式中：γ_Q——荷载分项系数。

锚杆钢筋截面面积 A_s 满足：

$$A_s \geq \frac{\gamma_0 K N_a}{\xi_2 f_y} \tag{8.6}$$

式中：ξ_2——锚杆抗拉工作条件系数；

γ_0——边坡工程重要性系数；

f_y——锚杆钢筋抗拉强度设计值；

K——安全系数。

锚杆锚固体与地层的锚固长度 l_a 为

$$l_a \geq \frac{K N_t}{\xi_1 \pi D f_{rb}} \tag{8.7}$$

式中：ξ_1——锚杆锚固体与地层黏结工作条件系数；

D——锚固体直径；

f_{rb}——地层与锚固体黏结强度特征值。

锚杆钢筋与锚固砂浆间的锚固长度 l_b 为

$$l_b \geq \frac{\gamma_0 K N_a}{\xi_3 n \pi d f_b} = \frac{\gamma_0 \gamma_Q K N_t}{\xi_3 n \pi d f_b} \tag{8.8}$$

式中：ξ_3——钢筋与砂浆黏结工作条件系数；

d——锚杆钢筋的直径；

f_b——钢筋与锚固砂浆间的黏结强度设计值。

锚杆锚固段长度为 l_a、l_b 中的较大值，即 $\max(l_a、l_b)$；工程上遵循不利（或不利组合）情况，为保证安全，取两者中的较大值，即锚杆越长，边坡越稳定，但不能无限长。这与复合路基水泥土搅拌桩竖向承载力特征值取值类似，分别采用桩身强度、桩周土和桩端土阻力计算出的单桩承载力特征值，为保证安全，取不利情况，即两者中的较小值。

锚杆总长度为锚杆锚固段长度和锚杆自由段长度之和。

锚杆参数设计针对现有的规范进行了改进，该设计参数下的锚杆能够进一步保证土体开挖后的边坡稳定。

中腰锚杆长度需长于上、下坡的锚杆。

边坡中腰锚杆自由段长度根据实际经验或有限元分析破坏面形迹确定。

中腰锚杆在整个边坡加固体系中起承上启下的作用，边坡滑移面由于通常呈现圆弧面、折线形，其中腰部位的假定滑移面距离边坡表面较长，因此需要将其长度进行延长，使锚固段能够位于假定滑移面之后。中腰部位的锚杆若长度不足，会导致锚固段部分处于假定滑移面之前，其锚固作用会大大减弱，锚杆的力不足以维持边坡的稳定，最终导致边坡失稳坍塌。

抗滑桩的设置需能够承受土体推力 F，其中：

$$F = m \frac{\gamma_Q \cdot E_p}{n} \tag{8.9}$$

式中：m——抗滑桩锚固深度范围内的设计锚杆根数。

由此，满足该推力要求的抗滑桩可以替代原本需要设置的锚杆，起到下半部土体的稳定作用。同时也充分利用了抗滑桩的低形变特点,使中下部土体保持在反力平衡状态。

锚杆自由段长度需预先判定出滑动面形迹,然后根据边坡相关规范确定。

抗滑桩的平面布置根据边坡的地层性质、受力大小、滑动面坡度、滑动面以上的厚度、施工条件、桩型和桩截面大小以及可能的锚固深度和锚固段的地质条件因素综合考虑确定。

抗滑桩桩型的选择应根据滑坡性质、滑坡处的地质条件、受力大小、工程造价、施工条件和工期要求因素综合考虑,结合设计人员的工程经验来选择。

传统的边坡加固处置方法都是先开挖完土体后再进行支护,因此潜在滑移面容易变成现实的滑移面,边坡出现问题的概率较高。在从上到下开挖边坡土体,在开挖的同时及时对已开挖部分进行支护;开挖到下半部时,也可以先打抗滑桩,再开挖土体,使滑移面不会实际产生,大大提高了边坡的稳定性。另外,对锚杆和抗滑桩的参数计算也进行了优化,能够更好地控制边坡的稳定性。

第 9 章　相似性在工程中的应用

9.1　桥梁整体垮塌的相似性

(1)某省公路拱桥整体垮塌(有条件暂时平衡体系)(图9.1)

图9.1a)显示新建拱桥桥墩相对构筑物的比例较高,而拱圈较薄,容易造成拱体的不稳定性、墩和拱的不平衡性。

图9.1b)显示新建拱桥东边一个桥孔先垮塌致使大桥中间三个桥墩均倒向东边的情况。

a)

b)

图9.1　某省公路拱桥整体垮塌照片

(2)某省窑洞拆除中整体垮塌(有条件暂时平衡体系)(图9.2)

图9.2中显示窑洞拆除工程中引起坍塌事故,应该在拱桥(特别是双曲拱桥)养护甚至拆除施工过程中注重安全问题。

(3)某省公路拱桥水毁中整体垮塌(有条件暂时平衡体系)(图9.3)

图9.3显示山洪冲坏土质路堤导致拱桥在水毁中整体垮塌。

(4)某省公路桥超载中整体垮塌(有条件暂时平衡体系)(图9.4、图9.5)

根据政府公布的初步调查结果:该起事故暴露出部分地区安全生产隐患排查治理不彻底,治理车辆超载超限工作仍存在薄弱环节等问题。

图9.2 某省窑洞拆除中整体垮塌照片

图9.3 某省公路拱桥水毁中整体垮塌照片

图9.4 某省公路桥超载中整体垮塌照片

图9.5 某省公路桥超载中部分垮塌照片

图9.5中显示运煤车辆超载导致简支梁断裂,因此运营必须考虑设计原则和要求(特别是荷载标准),严禁违法超载车辆通行。

(5)某省公路同类桥梁拆除重建避免可能失效事故(有条件暂时平衡体系)

某省道5孔不等跨普通钢筋混凝土梁桥,设计荷载为公路—Ⅱ级。桥梁上部结构为:双悬臂加挂梁结构,第1跨和第5跨为简支梁,第2跨和第4跨为简支双悬臂梁,第3跨为挂梁。由于交通量和车辆荷载日趋增大,现在桥梁已超负荷载运营,部分结构已经老化,桥梁已出现多处严重的病害。双悬臂梁支点附近有斜向裂缝。主梁牛腿及挂梁端角部有斜45°裂缝。挂梁发生位移,与悬臂梁一端已经顶死,造成挂梁端部混凝土破损、缺失和悬臂梁端的压碎,挂梁在外力作用下脱落的可能性很大,危及行车、桥下通航及桥梁自身安全。桥面不平,有裂缝、鼓包和波浪;栏杆残缺、扭曲变形、立柱破损;伸缩缝破损、碎边,有跳车现象。如图9.6所示。

a)挂梁发生位移不稳定(一)

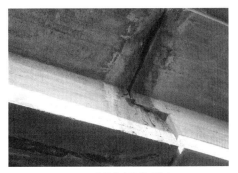
b)挂梁发生位移不稳定(二)

图 9.6

c)多处严重裂缝

d)跳车现象引起桥面铺装层裂缝

e)

图9.6 某省公路同类桥梁拆除重建避免可能失效事故

注:该桥梁已拆除重建,避免可能失效事故。

(6)某省公路桥结构刚度不足导致桥面沥青混凝土容易损坏

国省道上部分是20世纪90年代初期经"优化设计"建设的桥梁,结构刚度不足,竖向变形过大,导致桥面沥青混凝土容易损坏(一年要维修两次左右),只要改变结构体系或钢梁底板焊接钢板变成钢箱梁,增加纵向抗弯刚度,减少桥梁竖向变形就能解决上述问题。因此,换一个角度思考路面维修问题一定会有新的发现,要求公路系统干部职工重新研究有限资金合理使用问题(图9.7)。

a)

b)

图 9.7

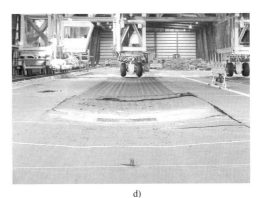

c)　　　　　　　　　　　　　　　　　d)

图9.7　从基础变形角度思考路面维修问题照片

9.2　基坑或基础塌陷的相似性

(1)某地下车库施工过程中导致附近发生地陷(有条件暂时平衡体系)

某地下车库施工过程中导致附近发生地陷,工地开工两个月后居民们就发现楼下出现了许多裂缝,施工方用水泥填补过多次。在住宅楼左面与工地接触的地方出现许多大小不一的裂缝,最宽处达到2m左右,深度大约3m,致使下面埋藏的自来水管爆裂,整个塌方面积达十多 m^2,幸运的是没有人员伤亡。如图9.8所示。

(2)印度杰塞梅尔沙堡(图9.9)大量废水不断地冲刷沙堡根基,导致几座沙堡被毁掉(有条件暂时平衡体系)

图9.8　某地下车库施工过程中导致附近发生地陷　　　图9.9　印度拥有800多年历史的沙漠城堡

印度杰塞梅尔沙堡是一座有800多年历史的沙漠城堡,由于旅游业的发展,城堡里建起了许多旅馆、酒店和娱乐场所,居民也开始使用方便的自来水。但因为没有完善的排水设施,大量废水通过简易的排水沟流淌,不断地冲刷沙堡根基,部分沙石城墙因此而被泡塌。原本城墙上保存完整的99座堡垒已有好几座被毁掉。

(3)某地下车库施工过程中导致附近房屋倒塌(有条件暂时平衡体系)(图9.10)

根据政府公布的调查结果:房屋倾倒的主要原因是紧贴7号楼北侧在短期内堆土过高,最高处达10m左右。与此同时,紧临大楼南侧的地下车库基坑正在开挖,开挖深度达4.6m(图9.11)。大楼两侧的压力差使土体产生水平位移,过大的水平力超过了桩基的抗侧能力,导致房屋倾倒。原勘测报告经现场补充勘测和复核,符合规范要求;原结构设计经复核,符合规范要求;大楼所用PHC管柱,经检测质量符合规范要求。

图9.10 某市地下车库施工过程中导致附近房屋倒塌

图9.11中显示,房屋倒塌的主因是在建地下车库边墙失稳,次因是侧向力与PHC管柱抗侧能力低,就像爆破拆除,先爆破房屋倒塌侧面底部就能确定倒向。

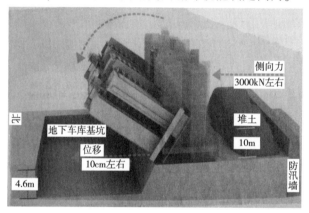

图9.11 某市地下车库施工过程中导致附近房屋倒塌分析示意图

图9.12中显示,某市在建地下基坑稳定,保障了附近房屋稳定与安全,这才是问题的关键。

图9.12 某市在建地下基坑稳定,保障了附近房屋稳定与安全

例如,深圳福田地下火车站(图9.13)是一座三层式结构,连通珠三角地区的大型地下

铁路客运综合枢纽,虽有许多技术难题,但通过做好充分的前期准备工作,科学地规划设计和进行风险评估,并做好科学的施工设计方案和安全防范事故预案等工作,进展较顺利。

a) b)

图 9.13 深圳福田地下火车站照片

第10章 典型问题建议

10.1 结构分支点稳定监控问题

工程结构施工和使用过程中往往存在从稳定平衡状态到不稳定平衡状态的亚稳定平衡状态。图10.1a)和图10.1b)的桩基皆处于基坑之中,图10.1a)顶端梁与柱采用铰接连接,图10.1b)顶端梁与柱采用只受压不受拉支撑连接。此类结构受到外力作用时,图10.1a)在外力达到极限值以后才会发生极限破坏,而此过程中整体结构不会发生变化,因而属于极值点失稳问题;反观图10.1b),在受到外力作用时,基坑内的柱具有如箭头所示的变形趋势,因而往往在结构达到极限承载值以前已经发生整体结构性破坏,此类问题属于分支点失稳问题。

分支点稳定问题在工程结构设计与施工中往往容易被忽略,如图10.2所示。例如,有些桥梁积累损伤可能致使桥梁稳定性的极值点稳定问题转变为分支点稳定问题;再如,有些地下工程,从地层结构看好像是个极值点稳定问题,但有些支护结构具有明显的脆性破坏特性,可能出现雪崩式连锁破坏,属于明显分支点稳定问题。针对此类问题,即使采用监控量测也很难控制地层-支护结构的整体稳定性,因此必须引起高度关注。只有改进支护结构措施,把分支点稳定问题转换为极值点稳定问题,才能有效地进行监控量测,并控制地层—支护结构整体稳定性。特别是不良地质围岩大跨度隧道、软土深大基坑等支护结构随着开挖进程,其状态是不定的,需要合理支护结构体系,确保整体(地层—支护)结构体系状态基本不变。可见,监测只适用于极值点稳定问题而不适用于分支点失稳问题。实际工程中,我们在规划工程设计施工方案时,应该采用合理结构措施或辅助手段防止结构发生失稳,确保工程施工安全。

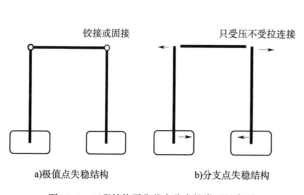

图10.1 工程结构平衡状态稳定性类型示意图

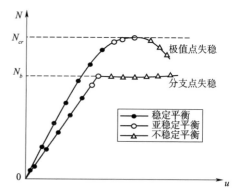

图10.2 工程结构平衡状态稳定性 N-δ 曲线

例如,某深基坑出现了严重的塌陷事故(图10.3)。关键是基坑结构平衡稳定性条件在施工过程中出现了不利的变化。如图10.4所示,从基坑破坏前的支护体系中可以看到,如果基坑两侧壁不发生旋转变形,其支护系统将能有效提供支撑力。但从破坏后的基坑边墙旋转变形情况就可以清楚地看到(图10.5),由于施工开挖基坑边墙发生旋转变形位移,导致基坑支护体系的平衡条件受到破坏[表面上整体看起来像极值点失稳问题,但实际上关键支护结构构造(支撑钢管)存在分支点失稳问题]。

图10.3 深基坑塌陷现场与支护体系破坏情况

图10.4 破坏前部分支护体系　　　　　图10.5 基坑边墙旋转变形

发生破坏基坑的开挖方式是采用台阶法开挖,逐段封底坑底,如图10.6所示。随着开挖过程的推进,基坑底部范围扩大。由于基坑内土的力学性质差,如图10.7所示,深基坑底部失稳突泥,土体变形改变了原来结构荷载向下传递的作用力方向,形成向下和侧向并存的作用力,而深基坑支护体系不具有整体性,不能控制基坑底部失稳突泥的影响,就会导致基坑边墙发生转动变形(图10.7),上部支撑杆由受压承载的稳定状态转变为处于受拉脱离状态而掉落,导致支护系统失效。

在不良软弱地质环境深基坑设计和施工过程中,控制底部失稳突泥和支护体系整体性至关重要,该深基坑出现严重塌陷事故的核心是岩土体与支护结构组合体系缺乏足够的变形协调控制能力,本工程属于"实际基坑工程结构施工过程中还存在从稳定平衡到不稳定平衡的亚稳定平衡状态"。事实上,基坑地表 A 点监控不可靠,B 点开挖过程中又很难监控,只有研究工程设计施工方案时,采用合理结构措施或辅助手段防止结构发生失稳,才能进行有效监控。专家提出了该在建深基坑工程必须遵循的三点原则:①基坑的开挖必须分层、分段,且开挖暴露时间不宜过长,每次分层开挖控制在3m,分段开挖保证在15~20m;②基坑必须先支撑后开挖,并把握好支撑的细节,基坑的变形要求在受控的状态;③注意在雨天环境下基坑的及时排水,在完工后,要立即加固混凝土,确保基坑不变形。这三点原则属于经验范畴,没有指明结构力学概念,基本符合基坑与支护系统受力平衡状态稳定性要求,操作过程中存在风险。

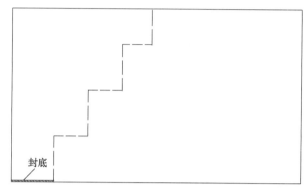

图10.6 台阶法开挖,逐段封底

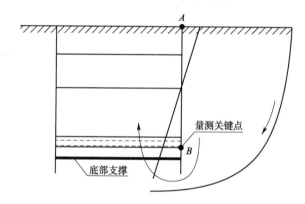

图10.7 深基坑失稳机制分析示意图

10.2 循环荷载结构塑性铰利用隐患问题

国家统计结果表明:道路桥梁等结构垮塌占9.9%,但道路桥梁使用年限在30年以内的病危桥数约占总病危桥数的64%;超载只是诱因,关键是结构设计偏弱或不合理,加剧了结构疲劳损伤或侧移而缩短寿命。这与统计近年发生事故的桥梁类型归纳为简支板梁、组合拱桥、刚架桥等,均属于柔性结构或刚柔组合结构等吻合。由于这类结构常常处于弹塑性工作状态,还受到高循环应力或不合理应力作用,受力过程不具有叠加性,结构受力状态与加载路径有关(亚稳定平衡状态),恰恰汽车重复荷载路径具有多变性,不像火车或工业吊车重复竖向荷载路径相对稳定,这样,柔性结构、刚柔组合结构在汽车重复荷载甚至部分超载作用下,桥梁设计应力与实际应力可能相差很大,而且处于弹塑性工作状态的结构相比弹性状态结构容易产生更大积累损伤,不利作用力和能量都向结构的弹塑性薄弱部位转移或集中,降低桥梁使用寿命,可能导致桥梁提前损坏,或破坏,或周期性破坏,存在行车安全风险。而火车或工业吊车重复荷载桥梁设计规定,在弹性阶段作用下,结构处于弹性阶段工作状态,设计应力与实际应力基本相同,行车安全风险较小(稳定平衡状态)。例如,20m标准板梁自身质量26t,而汽车最大规定质量55t,每块板承重可大约简化为27.5t(1/2),特别是超载运营条件下,结构往往处于弹塑性工作状态,结构累计损伤较大,行车安全风险较大(亚稳定平衡状态)。著名桥梁工程师茅以升主持设计和施工的钱塘江大桥为经典成熟的钢桁梁桥,由结构刚度控制,安全度有富余,材料质量稳定,基本处于弹性工作状态,结构累计损伤较小,行车安全风险也较小(稳定平衡状态)。

以前公路中小跨度桥梁、部分桥梁特殊构件在重复超重荷载作用下,非弹性部位会加速产生积累损伤,特别是20世纪80年代优化桥梁大部分有问题,以前设计方法难以避免此类问题,也是超载容易导致公路桥梁垮塌的原因之一。问题核心是难以保障结构传力介质的适应性与避免结构亚稳定平衡问题。

许多公路中小跨度桥梁结构容易产生疲劳积累损伤,单纯用静力分析很难说明为什么许多中小跨度桥梁在大交通量重载车辆作用下会突然垮塌,需要结合疲劳累积损伤理论与"最小耗能原理"进行分析。事实上,只有理想的弹性体满足外力做功等于结构弹性应变能的关系,而非弹性体除产生弹性应变能外还会产生结构积累损伤能量引起材料劣化(图10.8)。

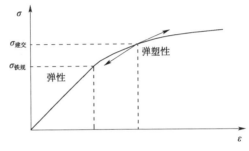

图10.8 静载、重复荷载作用下非弹性体积累损伤比较

按建设交通规范设计的结构物考虑结构工作到弹塑性状态,对于大跨度公路桥梁,自重是主要部分,活荷载相对小些,在正常使用状态下,结构通常趋于弹性工作状态;而对于中小跨度公路桥梁,自重与活荷载相当,在正常使用状态下,结构通常趋于弹塑性工作状态,实际上干线公路桥梁经常承受大交通量重载甚至部分超载作用,从而在反复荷载作用下容易产生累积损伤;而按铁路规范设计的结构物仅允许结构处于弹性工作状态,铁路荷载一般不出现超载现象,故在反复荷载作用下产生的累积损伤相对较少(图10.8)。另外,按建筑规范"不直接承受动荷载"(后来改为"需要计算疲劳")的钢梁抗弯承载力计算时,可以考虑截面部分进入塑性状态,即按弹塑性理论设计,但是当直接承受动荷载时,规范规定只能按弹性理论进行抗弯承载力设计。与之对应,国际标准化组织(ISO)做了两条规定:①塑性设计不能用于出现交变塑性的构件,即不能出现受拉屈服和受压屈服情况;②对承受动荷载的结构,设计荷载不能超过安定荷载,即构件不会由于塑性变形的逐渐积累而破坏,也不会由于交替发生受拉屈服和受压屈服,使材料产生低周疲劳破坏。世界范围内偶有干线公路桥梁垮塌事故,而不是铁路桥梁。另外,同一段公路仅有个别类型桥梁运营一段时间后发生垮塌事故,而所有的桥梁均处于相似的部分超载状态。正如生活中扳断铁丝只需要很少几个来回,原因在于每个来回的作用都达到了弹塑性状态,不利作用力和能量都向铁丝的弹塑性薄弱部位转移或集中。以上两种情况说明干线公路桥梁结构处于弹性工作状态的重要性。

公路桥梁设计中应用变形协调控制方法的核心是确保桥梁等结构力按设计的路径传递,控制力的不合理甚至有害转移。按照结构变形协调控制方法改进设计,适度提高公路中小跨度桥梁刚度、改善部分桥梁特殊构件变形协调性,在重复超重荷载作用下,非弹性部位产生积累损伤会处于可控范围,避免了适量超载容易导致公路桥梁垮塌的问题。保障了结构传力介质的适应性,避免了结构亚稳定平衡问题,确保工程结构安全。

结构力学的塑性铰在金属加工中可有效利用,但在桥梁中利用就会产生积累损伤问题,应该引起深思!

例如,20m 空心板梁结构破坏性试验结果如图 10.9、图 10.10 所示。

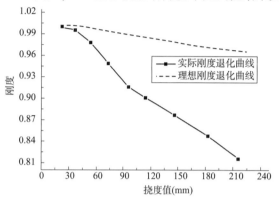

图 10.9 加载过程刚度变化

图 10.10 20m 空心板梁桥坍塌照片

从优化宽幅空心板梁结构破坏性试验结果可以看出:优化宽幅空心板梁结构由于刚度偏小(主因),小铰缝也容易损坏(次因),就像人先天免疫能力差,后天就容易生病;特别是在干线公路桥梁经常承受大交通量重载甚至部分超载作用时,结构由弹性工作状态转变为弹塑性工作状态,容易产生积累损伤。

因此,20m 简支空心板梁结构竖向刚度相对较小,只适应普通公路一般交通量标准荷载以内车辆作用,不适应干线公路桥梁经常承受大交通量重载甚至部分超载作用。这与干线公路 20m 简支空心板桥梁经常承受大交通量重载甚至部分超载作用下很容易损坏或断裂甚至影响运行安全的情况相吻合。

第11章 指 导 文 章

11.1 水利建设中的哲学思考

潘家铮

编者按:水利建设是国民经济基础设施建设的一个重要方面,水利工程师需要掌握许多现代科学技术知识,还需要从更高层次上进行全面综合的思考。本文作者从50多年水利水电建设生涯的经验出发,从哲学的高度对水利建设中的若干方面进行了分析与思考。用古今中外先哲的学术思想和日常生活的实际例子,对水利建设的利与弊、成与败、成本与效益、确定性与风险度、方法的精细与综合、材料的强与弱、规范的粗与细、避害与利废、慎重与创新等多个方面进行历史的、辩证的和唯物的反思与阐述。

水利工程师有很多知识要掌握,不可能花大量精力去研究哲学问题。然而一个人的思想言行总是受自己的认识论和世界观支配的。如果在这些方面有偏差,尽管有良好的愿望,掌握了现代科技知识,但往往事倍功半,甚至导致意想不到的后果。这样看来,水利工程师读点哲学书是颇有裨益的。下面所述的8个问题是我在50多年水利水电建设生涯中的一些零星感受,十分肤浅,写出来供大家参考,欠妥之处请予指正。

照镜子的哲学

《红楼梦》里讲了两个有关镜子的故事,说明镜子要正反两面都照,事物都有两面性。拿水利来说,人类治水已有长远的历史。尤其是中国,水旱灾害特别严重和频繁,从有记载的大禹治水起,中华民族的文明发展史几乎就是一部治水史。这里既有成功的经验,也有失败的教训。

在初期,人们对于浩渺洪水或长年久旱几乎束手无策,只能逃避。避之不及,就成为浮尸饿殍。其后,随着科技和生产力的发展、经验的积累,人们开始想要制服水,开渠、打井、修堤、筑坝,工程规模和作用不断扩大,20世纪达到高潮。在这场较量中,人类似乎取得了重大胜利。以我国来说,50年来在防洪、灌溉、供水、发电等各方面都取得了惊人的成绩,但也出现了一系列失误。

具体来说,50年中,我们修了26万km的江湖大堤,保证了黄河、长江安澜;建了8.5万座水库,打了数百万眼机井,使全国供水量从1949年的1000亿 m^3 增加到现在的每年5600亿 m^3,保证了工农业发展;灌溉面积发展到5374万 hm^2,以有限的耕地养活了14亿人口,GDP(国内生产总值)超万亿美元;开发了八千几百万千瓦的水电,三峡水利工程是世界上最大的水利枢纽,已发挥效益;更多的工程(包括著名的"南水北调")正在开工、筹备或规划中;水坝的高度已达300m量级。

但是,在胜利的影子下,还有一些引人深思的问题。建了大库、修了长堤,洪水得到控制,但是随着堤防愈来愈长,河床不断淤积,过流能力不断减小,又出现小洪水高水位的问题。1998 年黄河在花园口的洪水流量仅 $7600m^3/s$,水位比 1958 年的洪水流量 $22300m^3/s$ 还高 0.91m。长江也是一样,每逢汛期,险情迭出,动辄要几万甚至几十万人上堤抢险。这样的"水涨堤高"有尽头吗?

供水量成倍递增,经济大发展,但付出的代价是:水资源过度开发,低效利用、浪费严重,河道断流、干涸,地下水位大幅度下降。

河道的梯级开发和渠化带来了巨大效益,但某些河道的天然洪水消失了,鱼类洄游通道截断了,一些物种灭绝了,有些水库淤积了。

最严重的还是水环境被污染。有人将此形容为"有水皆污,无河不干",说我们的开发是"吃祖宗饭、断子孙粮",现在世界上有一些组织和人士甚至反对建一切水坝和搞水利工程。我们坚决反对不顾国情、因噎废食的偏激言论和做法,但认真总结经验教训,改进工作,避免失误是完全必要的。

我想,正确的态度就是要记住老子的一句话:"福兮,祸之所伏"。世界上的事物总有两面性。大自然经过千百万年的演变,维持着相对平衡的形态。修建水利工程,特别是大型工程必然会打破平衡,引起一系列扰动,若干年后再达到新的平衡。扰动过程中总是有得有失,天下没有尽善尽美的事。问题是要科学、公正地评判是非得失,而且必须在长期和全局的立场上予以衡量,对"失"还要进行最大可能的消除或补偿。这就是水利工程师的责任。

必须反对本位主义和短期观点。现在要建工程都得先做"可行性研究",一般对工程效益总是反复论述,对副作用总是避重就轻。官员们要政绩,业务部门要发展,设计公司、施工企业要生存,不可能完全放弃地方、本位利益和近期观点,只有政府和超脱的科学团体才会考虑全面利益和长远发展。

下面这些问题要特别重视:

修建防洪水库控制洪水时,下游不能无限制地侵占行洪空间。要认识到人不能消除洪水,必须学会与洪水共处,将必要的行洪空间留给洪水。

在解决工业、农业、城市生活用水问题时,不能"以需定供",敞开供应,不应低价、无偿供水。利用地下水必须保持长周期内抽取和回蓄的平衡,这是个大原则。在缺水地区,要维持一定的短缺压力,实行高价供水。不能大供水,否则就意味着大浪费、大破坏、大污染。今天一些地区水资源被严重破坏,浪费水的社会习气得不到扭转,水利工程师在无意中也起了推动作用。

不要认为通过工程把天然河道的径流调节到均匀下放,吃光喝干,就是最优方案。要认真研究一切副作用,必要时要泄放人工洪水,冲刷河床,形成瀑布急滩,保证有一定水量返回大海。

建水利工程要和生态、环境、通航、旅游、文物等各部门协调,特别要重视污染问题。凡是水污染及浪费问题未能解决的地方,原则上不应该再上开发性工程。在干旱的内陆地区,不能任意蓄水、垦荒、栽树,搞人工绿洲。在大西北,只能适应自然条件,因势利导,保护、改善环境,不要设想把它改造为千里塞外江南。"天苍苍,野茫茫,风吹草低见牛羊"同样是必须保留的风光。

我们应记住"福兮,祸之所伏"这句话,当然也应记住"祸兮,福之所倚"这句话。只要把过去的失误查清,从思想上、行动上、政策上有所改进,水利工程就能真正做到兴利除害、趋利避害、为民造福,在新世纪还将取得更大规模的进展和新的成就。

坐飞机的哲学

如果有两架飞机,一架机龄很短,一架已超期服役,不久前还出过事故,你会选择坐哪一架?相信人们都容易做出选择。即使那架旧飞机的老板请了专家诊评,认为尚符合飞行条件,恐怕也不能改变你的决定,因为坐旧飞机的风险性肯定较大。当然,如果任务紧急,又无其他手段,也只能乘坐旧飞机了。

水利工程中也存在"风险论"或"确定论"的认识问题。

很多年轻的工程师总把工作看作"确定性"的问题。他们掌握现代化科技知识和手段,能进行复杂的分析计算试验,熟悉规程、规范和标准。但他们忽视了一点:许多基础性的资料、参数、假定、方法等都有相当的任意性,规范条文也只是以往经验的总结,不存在绝对的正确性。例如,在设计一座水坝时,我们无法查清地基中的一切情况,无法完全掌握材料的特性和反应,更无法预知建成后会遭遇什么样的洪水、会诱发多强烈的地震。举个例子,我们现在能对拱坝在地震时的反应计算得很精确,连横缝的开合也可考虑,但一切结果都取决于地震动过程,而这是不可知的,我们只能假设很多条过程线来做研究。在水利工程设计中,一定程度上还得依靠过去的经验和工程师的判断。所以,基于现代科学理论、通过现代手段分析试验、能满足规程和规范要求的设计在法理上是站得住的,但任何设计师都无权宣布他的设计没有风险。

我深感在水利工程设计中,"确定论"的影响大了一些,这也许与学校教育有关。有些领导经常要求专家们下简单的结论,如"在这个坝址上能不能建高坝",专家们也敢于做出确定的答案:"可以建多少米高的××坝。"对这样的问答,我总有些怀疑。随着科技发展和经济实力增强,不计风险与投入,似乎很难排除在某个坝址建坝的可能性。反过来说,不附加约束条件地肯定能够建坝也太简单了些。

事实上,不存在没有风险的设计或工程,只是风险性有高低,工程失事的后果有大小而已,这就要求决策者做全面衡量。仍以坐飞机为例,如果必须在最短时间内到达某地,其他交通工具都无法做到,机场上也只有一架飞机,该机又经过检定,那么乘坐这架飞机就是合理的决定。但如果并不存在这种紧迫需要,有很多交通手段或有很多架飞机可供选择,你又是携带全家登机,那么是否非得乘一架出过事的超龄飞机就值得深思了。

以坝址选择为例,如果我们要建一座兴利水库,有两个坝址可供考虑。甲坝址的地质条件差,附近有活断层,地震烈度高,但可获得较大库容,取得更多效益。乙坝址地质条件好,但位于上游,库容较小。应该选哪个方案呢?这个问题的本质是要在效益、代价和风险中进行平衡和选择。答案取决于具体条件,无一定之规。我们一定要弄清几个基本问题:在效益比较方面,乙方案是否已不满足建库的基本要求,还是仅"相对较差"。在风险比较上,甲方案遭遇强震而溃坝的可能性到底多大,溃坝后果又如何。如果溃坝概率极低而且后果不严重(不死人或很少伤亡),工程风险问题在决策中就不必置于重要位置;相反,如溃坝会引起下游城镇毁灭、人民重大伤亡,风险问题就成为决策中的重大考虑因素。在这种比较中,没有绝对的标准,而是对效益和风险的权衡,技术经济比较也不是决定性因素。由于对风险的评估只能是个模糊概念,所以这类问题通常难以取得一致认识,最后往往取决于决策层的思维方式和协调结果。

服中药的哲学

我在幼时依靠吃中药治病,长大后就改看西医、服西药了。那时,我认为中医、中药不够科学,而西医、西药要科学可信得多。认为西药的研制更为严密,一种药有一种药的特效与功能,分子构造式明确,连进入身体后怎么吸收、怎么排泄也清清楚楚。随着年龄的增长,我现在的认识有些变化,在原来观念的基础上,觉得西药似乎缺少点"综合"和"辨证"的精神,中医"辨证诊治""全面照顾""君臣相配""因人因情增减调整"等原则实有深意。把两者长处结合起来,定能达到新的境界。水利工程中也有这种情况。

例如,在设计大坝混凝土强度等级时,把坝体划分为几区,分区提出要求强度、龄期、抗渗性、抗磨性、耐久性、坍落度、水灰比等要求。这看上去很科学,但结果是:有时相邻区的混凝土性能相差悬殊;"抗磨混凝土"全面开裂;为了抗渗,水泥用量极高,与其他要求极不相称等。这些都不合理,会产生不利后果。这就像是吃了"迷信西药"的亏,不少人为了降低胆固醇拼命服药,反而把身体搞垮了。

再举个拱坝优化的例子,也有两种认识。按西医路线,首先建立一个目标函数(如取拱坝总体积或总造价),再确定拱坝设计和施工中必须满足的一些条件(称为约束条件),然后建立一个可描述拱坝体型的数学模式。其中含有若干设计变量,改变这些变量,可以得出不同的拱坝体型。最后运用数学规划方法,寻求一组能满足所有约束条件而使目标函数取最小值的设计变量,就找到了最优方案。其思路和技术路线是无可非议的,但有时优化得出的断面并不合理,而且视假定不同优化结果也不同,并无一个绝对最优解。其次,目标函数除了追求最小工程量外是否还应考虑点什么?这就出现多目标优化问题。例如,使工程量 V 和工程安全性 K 同时达到最合适状态。一般,随着 V 的增加,K 也增加,V 和 K 之间的关系可以画成一条曲线,在 K 大于最低安全系数和 V 小于最大容许工程量之间的这一段是可行域,问题在于把性质不同的因素综合为一来选出一个最优解。经济性和安全性毕竟不是同一性质的问题。再探究下去,所谓工程的安全性 K 又用什么衡量?难以找到一个合理、公认的评价指标。简单的数学寻优道路走不通,似乎是一个"模糊综合评价决策"问题,也许要根据大量分析计算结果决策。这就有些煎中药的意味了。

在论证三峡工程的可行性时,加拿大著名水电咨询公司曾在世界银行指导下进行过独立的论证。我与加拿大专家相处几年,深感其水平很高、经验丰富,而且办事高效率、科学化,受益良多。但也感到他们在取舍、决策时过分重视经济效益分析,属典型的"西医"学派。建设水利工程当然要讲究投入产出,但工程效益既有具体经济效益,也有社会效益。"减少城市和人民被淹的可能性""解除人们心理压力""保护珍稀物种"之类的效益,怎么能化成货币计算?加方专家主张减少三峡水库防洪库容,在遭遇特大洪水时让库区人民临时逃洪,事后补偿,这样可减轻移民压力,经济上也是有利的。其实,我们最初设想的就是这个方案。但在深入论证后,发现存在许多较难解决的问题(如逃洪区能否进行建设、如何发展、临时逃洪会不会有伤亡……),最终认为根据国情民意不宜采用。在交流中,加方专家很难理解和接受我们的看法。最后我只能说:"你们的分析很科学精确,但我们做决策时还得考虑更多的因素,要综合协调。好比用中药治病,得全面考虑病人情况,增减药味和用量。"加方专家组长听后苦笑说:"我干了一辈子技术工作,你却要我喝一副中国汤药!"也许这就是东西方文化的微妙区别吧。

握鸡蛋的哲学

鸡蛋是个脆弱的东西,"以卵击石"意味着必然失败,就是把它在桌面上轻轻一击也一定壳破黄流。可是,把鸡蛋握在手中,要捏碎它却不容易;把鸡蛋深埋在沙子中,上面驶过卡车,鸡蛋却可以安然无恙。

其实,不仅鸡蛋如此,其他土、沙、岩石、边坡等也都一样。只要了解其特性,用其所长,就会使它们发挥出超出想象的潜力。而且,随着情况的恶化,它们还会不断自我调整,挖掘潜力,不到潜力彻底告尽,绝不轻言失败。可惜我们常常认识不到这一点,未能用其所长,反使之过早夭折。这与不将鸡蛋握在手中,而把它架在石头上,却埋怨蛋壳太薄一样。

有时,人们不仅不利用材料之长,还把它当"敌人"看。早年我们设计地下结构时,眼睛盯住的是衬砌和配筋。而对围岩,主要是计算山岩压力、弹性抗力等。其实,若采用合理的洞室形状和施工方法,即使是很差的围岩也具有极强的自稳能力。如能因势利导地加固围岩,貌似不完整的岩体就能形成很厚实的自然拱,这远比人工的衬砌拱强大。这个道理现在已愈来愈为人所认识。地下洞室的衬砌也更多地采用柔性衬砌替代刚性衬砌,以适应自然。可惜在我国有些人总歧视自然围岩,看重人工衬砌,甚至由于不合理的设计和野蛮施工破坏了围岩,却怪罪于地质条件不良,这是不公平的。

让我们进一步研究一下柔性支护的原理。在洞壁上挂些网、喷点浆,打几根锚杆,灌一点浆,究竟起什么作用?有的人努力做理论分析,将喷层、锚杆当作结构元件,进行仿真计算。这当然很有用,但我认为柔性支护的主要作用有二:一是防止洞壁发生局部坍落,破坏体型,不断恶化,从而丧失发挥潜力的机能;二是由于支护是柔性的,容许围岩发生一点变形,让它自我调整,挖掘潜力。这些作用不一定能算得出来。过去有"一根稻草压死一头骆驼"之说,意思是让骆驼驮上荷载,逐渐增加,总会出现从量变到质变的极限,那时再压上一根稻草也会把骆驼压垮。反过来说,一根"稻草"也可以挽救一个结构。洞室或边坡的崩坍,总是从局部小块掉落或局部范围错动开始,继而不断恶化。如果一开始就加点小力量防止出现这种情况,结果就完全不同。一根细柱受压,极易挠曲,如加几个支点,尽管并未提供多少反力,细柱也能承受大得多的压力,都是同一道理。这样做的结果是可以花极小的代价,防止天平向一侧倾斜,甚至向恶性发展。

充分掌握材料特性,因势利导,挖掘潜力,与之和谐共处,就能做出最经济合理和安全的设计。

吃砒霜的哲学

砒霜是剧毒物质,摄入少许就立即送命,以致人们听到这个名词就不寒而栗。但有记载称:也有人嗜食砒霜,每日进食微量,持之以恒,不仅未中毒,还特别长寿,到暮年仍鹤发童颜、元气充沛。另如,蜈蚣可以入药,蛇液可以解毒。这些虽不可全信,但对剧毒的东西只要了解其特性,控制其用量,一样无害,甚或可起好的作用,则是无疑的。此外,世界上的废弃物不计其数,若作为人人讨厌的垃圾,要花大代价处理。但若经过巧手改造,破烂树根可以变成稀世艺术珍品,断砖碎瓦可能内藏重要文物信息。总之,所谓"有毒""破烂"的概念都是相对的,在很多情况下,存在着化废为宝、以毒取胜的可能性。

工程界也是如此。在"利废"方面,垃圾发电就是明证。又如燃煤电厂排出的粉煤灰,长期以来被作为废品处理,不论设场堆放或排入江河都有后患。后发现在拌制混凝土(或制造水泥)时可以用粉煤灰替代部分水泥,不仅节约水泥(或熟料),而且具有多方面的优点。这给粉煤灰找到了可利用的出路。目前,某些火电厂的优质粉煤灰已成为供不应求的抢手货,价格也与水泥持平了。看来"天生我材必有用"不仅适用于人,也适用于其他物品。

再举一个氧化镁混凝土的例子。水泥或混凝土中含有氧化镁成分,在凝固后会产生体积膨胀,使混凝土开裂甚至解体,属于不稳定因素,所以有关规范中视其为有害成分,对其含量有严格限制。然而氧化镁使混凝土体积膨胀的作用,正可抵消或补偿混凝土浇筑后由于温度下降以及自身体积变形导致的收缩,而后者正是混凝土建筑物特别是大体积结构断裂的重要原因。在混凝土中加入适量氧化镁就可以化害为利,问题是要确切掌握它的变化机制并能严格地加以控制。我国在这方面的研究是走在国际前列的。有关科研人员进行了大量试验研究工作,总结了规律,提出了措施,并陆续在工程上进行实践,取得了很好的效果。有这样一个工程,在一座国际招标施工的大水电站上,由于各种原因,施工进度严重滞后,已被世界银行认为无可救药。要抢回工期,只能在酷暑大规模高速度浇筑基础混凝土,而这正是工程界的大忌。经反复研究后,我们决定在混凝土中掺加氧化镁来解决开裂顽症,并置国际专家组提出的强烈书面异议于不顾。我们相信中国科学家的研究成果,愿意为基层承担责任,敢于"吃一点砒霜"。结果奇迹般地挽回了工期,大坝至今运行正常。所以不要轻视身边的"破烂"和"废弃物",它们很可能就是珍宝。

做体检的哲学

人免不了要生病,定期检查身体极为重要。通过体检,及早查明健康情况,发现隐患,及时诊治,当然是件好事。但也有这样的情况:一个人做了体检,发现体内长了个小瘤子,或细胞有癌变迹象,赶紧开刀、化疗,思想包袱沉重,甚至精神崩溃,反而加速了死亡。有同样疾病的人,不查身体,浑浑噩噩过日子,倒有可能安享天年。所以有人说,癌症不一定越早查出越好。这话虽片面,却有一定道理。我不是医药专家,估计人体中几百亿细胞,总有些要不断发生变化,向癌细胞方向演变,但人体自身固有的"矫正"能力常能加以控制,正如中医所谓的"正能压邪"(年轻人的矫正能力更强)。可见问题不在于该不该查身体,而在于以什么态度对待检查结果。

水利工程在建设前的勘测试验工作,在某种程度上有些像体检。这一工作总是逐步深入的,就像人们先做简单的一般体检,再进入专科详查。通过详查总会得到更多的资料,可能有好的信息,更多的是查出新的不利因素,如发现了新的断裂或风化带比预计的厚、材料强度有所下降等。另外,分析计算工作的深入也会揭露些新情况,如应力、变形大了,安全度低了,等等。经常会遇到这样的情况:在可行性研究中认为安全的设计,工作深化后不满足要求了。例如,在核算坝体或边坡的稳定性时,由于查出更多的小节理,做了更多的试验,或进行了更精确的分析后,发现安全度已不满足规范要求。怎么看待这个问题?我认为,如果新的资料未改变大的格局,仅仅是具体数据的调整,而且勘测分析手段和深度已超过常规要求,则是否需大改设计是值得商榷的。实际上,边坡稳定核算一类的问题,还没有严格的科学解答,设计在一定程度上取决于经验和判断。也就是说,勘探的手段和深度、参数的试验和取值、计算的理论和方法,以及要求的安全度是相配套的。规范中要求的安全系数正是考虑到当前的勘探、试验、计算的水平而规定的。如果我们采取了特别先进的手段或做了过细的工作,能把问题查得十分清楚,就不需要那么高的安全度了。否则会出现工作愈深入、建筑物愈不安全的矛盾。基于同样的理由,有的人开发了对某些结构(如土石坝)的新计算理论,求出了较大的安全度。我们不赞成就此修改设计、削减工程量。总之,开发新的更精确的勘测、试验、分析手段是绝对必要的,但要修改原来配套的设计原则和规范则有待从更高层次上加以研究。

还有人在选坝时根据当时的资料做了抉择,而在进一步工作后发现所选坝址有不足之处,感到很后悔。我们却认为,只要新的资料并未否定原来的主要结论,就不用懊丧。换一个坝址,进一步工作后同样会发现新的问题,而不同勘测深度的坝址是不能对比的。正如一个只做了简单检查的人和一个做了全面详查的人,很难从检查结果来评论谁的问题更多一些。

管孩子的哲学

"不以规矩,不能成方圆",小自设计制图,大至治国平天下,非立规矩、标准和法律不可。孩子如果放任不管,很容易走邪路和堕落,这是尽人皆知的事。但如果作画写字也必须用规矩,就没有书法家和画家了。一个国家如果法律多如牛毛,老百姓会无所适从,还会被坏人钻空子,"国将不国"。对孩子管得过严,孩子产生逆反心理,也是常见的事。可见任何事都有个"度",过犹不及。

水工建筑物的特点,就是它的失事不仅意味工程本身的破坏,而且会造成众多生命伤亡和财产损失。特别是高坝大库的失事,甚至意味着对生态、社会的破坏。所以各国政府都要在不同程度上对其设计建造进行管理。

我过去对制订水利水电工程的各类规程、规范、标准深感兴趣,尤其在担任水电部总工程师期间,更将它作为重要的业务。在我的主持和组织下,对已颁布规范进行清理、修订,对缺门的制订规划,组织力量全面启动编制,希望能做到巨细无遗,认为这样就可做到全面控制。中国的规范、标准系统取法于苏联,本已失于过琐,这样一来更是"青出于蓝"。有关水利工程规范之多,可能冠于各国了。

现在我一直在琢磨这样做的后果。正面作用确实有,如有利于基层工作,也有利于保证小工程的安全。不过,负面作用也很大。首先,它妨碍了创新,给科技人员套上了枷锁。规范是建立在过去的经验上,负有指导和约束全国水利建设的责任,所以一定要推荐和规定比较成熟的做法,能做到"中间偏安(全)"就不错,不可能推荐最新的、富有创新意义的方法。规范中充满了"严禁""不得""不应"之类的禁忌和"必须""应""遵照"之类的命令,一些新的构思、理论、方法、工艺都在违反规范的帽子下被否决。其次,规范为不思进取的人提供了保护伞。既然列出那么多的规定,提供了标准的理论、方法、参数甚至是具体的公式,依样画瓢岂不既安全又省力,各类检查、鉴定、验收都影响不了我;出了事,规范还可以作为辩护武器。如果搞什么创新,出了事全由自己负责。于是,几十年来中国水利建设规模之大,世所少见,取得了不少科技进展,但创新的力度和速度赶不上发达国家。给孩子定下诸多的清规戒律,要求他非礼勿视、非礼勿听、非礼勿行,怎能指望他成为爱迪生或爱因斯坦?

我现在的想法是规范宜少宜粗,手册可多可细。必要的规范、标准还是要有,应该处于"中间偏先(进)"的位置,主要应规定一些基本要求和各级人员的职责,以及各级工程的审批程序,把责任(包括安全性和先进性)落实到具体人员身上。这比规定一些指标、参数、方法更重要、更有效。有些人可能担心这样做会导致工程质量下降和事故增多。其实,有许多国家并无很多规范,由政府颁发得更少,多是一些权威性的学术团体制订的标准与规定,并无法律效力,只要有足够的依据就可以突破,结果新事物出得快,也未见发生什么大事故。

至于具体的建筑结构、具体的计算公式更没有必要做统一规定,完全可以改为大量的设计、施工手册,把各家理论,各种经验、参数和各种典型实例汇集比较,供广大基层人员参考取舍,而不应是"统一尺码"。

既要使孩子富有朝气,不断创新前进,又不能让他野马般地乱闯瞎撞,这是一门艺术。有关的政府官员、科技管理者和技术带头人应当学会这门艺术。

吃螃蟹的哲学

上面提到规范过多过细对创新的制约,这就涉及在水利工程中采用新技术的问题。所谓新技术,包括新思路、新理论、新结构、新材料、新设备、新工艺、新管理方法等。搞技术创新意义重大,但问题也很复杂。

任何新技术,既冠名为新,就意味着缺乏实践经验和存在一定的风险。而水利工程的成败,通常又影响巨大。如何既保证安全、又促进新技术的应用便成为一对矛盾。形象地说,就是谁来吃第一只螃蟹。

我认为,解决这个矛盾的正确办法有二:一是在方针上,要"慎重"与"积极"并举,不可偏废。所谓"慎重",就是保持头脑清醒,不做无根据和无相当把握的事。一切通过试验,由实践来得出结论并做出决策。尤其在重要工程或关键部位不能掉以轻心。所谓"积极",指思想上要确信创新和发展是人间正道,满怀热诚地欢迎新生事物,并深入调查研究,采取各种措施为其成熟和应用创造条件,有"敢为天下先"的襟怀,而不是消极地等待,"等别人吃了第一只我再吃"。二是在策略上,"实事求是,区别对待"八个字极为重要。新事物从构思、萌芽到成熟、推广,一般要经过"理论研究和实验室试验""中间试验或工业性试验"和"全面推广、形成生产力"三个阶段,但根据不同的情况可以采用不同的做法和进度。

有的新事物理论基础扎实、简明、可信,研究中投入的人力、物力、资金、时间充分,研究试验成果齐全、系统,而有的未能达到这些要求。前者显然可以更快、更大规模地试用、推广。

有的创新属技术上的改进,原理简单明确,容易检验和实施;有的则属于本质性的重大改革,影响深远,甚至要经若干年后才能论定(如某些新材料)。前者显然可以更快、更大规模地试用、推广。

有的工程上采用某项新技术,风险和后果不大,或有检修替换条件;有的工程或建筑物上采用某项新技术,万一失败,后果严重,或没有检修补强条件。前者显然可以做得更大胆一些。在小工程上试用成功的新技术,有的需在中型工程上再行考验,然后再推广到大型工程上,但有的也可通过理论分析和判断,做跨越式的拓展。

有的工程设施留有较多余地(如有较多的泄洪孔、泄流洞、较多机组等),为试用新技术创造了很好的条件。在条件合适时,工程师还可在工程设计中留出专门部位,用于试验新技术。如果大家采取这种主动、积极的态度,将可大大促进高新科技在水利工程中的应用。

(本文转载自《中国水利水电科学研究院学报》,2003年6月,第1期,第1卷)

11.2　改革开放的辩证法

——学习习近平总书记关于全面深化改革方法论的重要论述

冯　俊

2018年是改革开放40周年,40年来中国取得举世瞩目的历史性成就,原因是多方面的,其中一个重要的原因就是,中国共产党在领导中国改革开放的历史进程中始终坚持以辩证唯物主义和历史唯物主义为指导,自觉运用马克思主义的世界观和方法论。党的十八大以来,习近平总书记带领中央政治局集体学习辩证唯物主义基本原理和方法论、历史唯物主义基本原理和方法论,不断增强辩证思维、战略思维能力,努力提高解决我国改革发展基本问题的本领。习近平总书记关于全面深化改革方法论的重要论述,是全面深化改革的重要指导思想,是改革开放的辩证法,是对辩证唯物主义和历史唯物主义基本原理的深化和发展,是马克思主义中国化最新成果的重要组成部分。

1. 正确理解解放思想和实事求是的关系,处理好改革开放中能改和不能改的关系、变与没有变的关系

改革开放是从解放思想开始的。关于真理标准问题的讨论是一场伟大的思想解放运动,成为党的十一届三中全会召开的思想先导,为改革开放拉开了序幕。没有解放思想,我们党就不可能做出把党和国家工作中心转移到经济建设上来,实行改革开放的历史性决策,走上中国特色社会主义道路。

解放思想和实事求是紧密联系、相辅相成,二者在本质上是一致的。首先,解放思想的出发点是一切从实际出发而不是从主观臆断、固有经验和本本出发,解放思想的落脚点是主观符合客观、理论符合实际、解决实际问题、认识世界和改造世界。邓小平同志说过:"解放思想,就是使思想和实际相符合,使主观和客观相符合,就是实事求是。"❶邓小平同志使"解放思想"和"实事求是"八个大字紧紧地联系在一起。党的十四大以后,"解放思想、实事求是"被概括为党的思想路线。

今天我们全面深化改革仍然需要"进一步解放思想、进一步解放和发展社会生产力、进一步解放和增强社会活力"。如果不进一步解放思想,我们党就不可能在实践中不断推进理论创新和实践创新,应对前进路上的各种风险和挑战,把改革开放不断推向前进,始终走在时代的前列。习近平总书记说:"解放思想是前提,是解放和发展社会生产力、解放和增强社会活力的总开关。""解放和发展社会生产力、解放和增强社会活力,是解放思想的必然结果,也是解放思想的重要基础。"然而,在这"三个进一步解放"中,进一步解放和发展社会生产力是最根本、最紧迫的任务,也是最终目的。"解放思想、解放和增强社会活力,是为了更好解放和发展社会生产力。"❷

在正确理解解放思想和实事求是关系的基础上,我们要处理好改革开放中能改和不能改的关系。在改革开放之初,邓小平同志就曾指出:"什么叫解放思想?我们讲解放思想,是指在

---

❶ 邓小平. 邓小平文选[M]. 2卷. 北京:人民出版社,1994.
❷ 中共中央宣传部. 习近平总书记系列重要讲话读本[M]. 北京:学习出版社,人民出版社,2014.

马克思主义指导下打破习惯势力和主观偏见的束缚,研究新情况,解决新问题。解放思想决不能够偏离四项基本原则的轨道,不能损害安定团结、生动活泼的政治局面。"❶今天我们推进全面深化改革的目的是坚持和改善党的领导,坚持和完善中国特色社会主义制度,不能偏离这一条。一些敌对势力和别有用心的人把改革定义为往西方政治制度的方向改,否则就认为是不改革。习近平总书记有针对性地讲道:"我们的改革开放是有方向、有立场、有原则的。""我们的改革是在中国特色社会主义道路上不断前进的改革,既不走封闭僵化的老路,也不走改旗易帜的邪路"。"问题的实质是改什么、不改什么,有些不能改的,再过多长时间也是不改,不能把这说成是不改革。我们不断推进改革,是为了推进党和人民事业更好发展,而不是为了迎合某些人的'掌声',不能把西方的理论、观点生搬硬套在自己身上。要从我国国情出发、从经济社会发展实际出发,有领导有步骤推进改革,不求轰动效应,不做表面文章,始终坚持改革开放正确方向。"❷改革开放涉及举什么旗、走什么路的大是大非问题,我们要保持头脑清醒,要坚持正确方向,处理好能改和不能改的关系,应该改、又能改的坚决改,不应该改的坚决守住,不能改的坚决不改,保持改革的定力,绝不能犯颠覆性的错误。要从我国国情出发、从经济社会发展的实际出发,有领导、有步骤地进行改革,这就是实事求是的态度。

在正确理解解放思想和实事求是关系的基础上,我们还要处理好改革开放中对于我国基本国情判断的变与没有变的关系。经过改革开放40年,我国社会的主要矛盾不再是人民日益增长的物质文化需要同落后的社会生产之间的矛盾。党的十九大报告指出:"中国特色社会主义进入新时代,我国社会主要矛盾已经转化为人民日益增长的美好生活需要和不平衡不充分的发展之间的矛盾。"我们在看到变的同时还要看到没有变,"我国社会主要矛盾的变化,没有改变我们对我国社会主义所处历史阶段的判断,我国仍处于并将长期处于社会主义初级阶段的基本国情没有变,我国是世界最大发展中国家的国际地位没有变"。

同样,我们既要看到世界处于百年未有之大变局,又要看到我国处于近代以来最好的发展时期;我们既要看到中国经济发展进入新常态,又要看到在面临国际国内风险的时候,我们仍需要稳中求进,保持战略定力。准确把握我国不同发展阶段的新变化、新特点,使主观世界更好地符合客观实际,按照实际决定工作方针,这就是坚持实事求是的思想路线和科学的方法论。

2. 学习掌握事物矛盾运动的基本原理,处理好全面深化改革整体推进和重点突破的关系

习近平总书记指出:"要学习掌握事物矛盾运动的基本原理,不断强化问题意识,积极面对和化解前进中遇到的矛盾。问题是事物矛盾的表现形式,我们强调增强问题意识,坚持问题导向,就是承认矛盾的普遍性、客观性,就是要善于把认识和化解矛盾作为打开工作局面的突破口。"❸

矛盾是普遍存在、客观存在的。不回避矛盾,敢于斗争,善于解决矛盾,这才是正确的态度。习近平总书记在十九大报告中讲道:"社会是在矛盾运动中前进的,有矛盾就会有斗争。我们党要团结带领人民有效应对重大挑战、抵御重大风险、克服重大阻力、解决重大矛盾,必须

---

❶ 邓小平.邓小平文选[M].2卷.北京:人民出版社,1994.
❷ 中共中央文献研究室.习近平关于全面深化改革论述摘编[M].北京:中央文献出版社,2014.
❸ 人民网.习近平:辩证唯物主义是中国共产党人的世界观和方法论[EB/OL].(2019-01-02)[2020-03-27].http://dangjian.people.com.cn/n1/2019/0102/c117092-30499540.html.

进行具有许多新的历史特点的伟大斗争,任何贪图享受、消极懈怠、回避矛盾的思想和行为都是错误的。"❶要实现伟大梦想,必须进行伟大斗争。例如,要同一切削弱、歪曲和否定党的领导和社会主义制度的言行做斗争;要同一切损害人民利益、脱离群众的行为做斗争;在改革中,要同一切顽瘴痼疾做斗争;要同一切分裂祖国、破坏民族团结和社会和谐稳定的行为做斗争;要同一切在政治、经济、文化、社会等领域和自然界出现的困难与挑战做斗争。对待矛盾的正确态度,应该是直面矛盾,并运用矛盾相辅相成的特性,在解决矛盾的过程中推动事物发展。

唯物辩证法的对立统一规律通常被称作"两点论",即我们看问题、做事情都要看到矛盾的两个方面,要看到正反两个方面的相互斗争、相互平衡、相互依存、相互转化,做到这些就是坚持了"两点论",看问题、做事情就不至于简单、片面、僵化。我们在坚持"两点论"的同时还要坚持"重点论",即一件事物往往是矛盾的集合体,在众多矛盾中必定有一个是主要矛盾,主要矛盾决定着事物的性质和发展方向,抓住主要矛盾,其他矛盾就会迎刃而解。在一个矛盾中,矛盾的两个方面也不是完全对等和平衡的,矛盾的主要方面决定着矛盾的性质和发展方向,我们一定要注意抓住矛盾的主要方面,注意在何种条件下矛盾的主要方面和次要方面会相互转化。在众多矛盾中抓住主要矛盾,在一个矛盾中抓住矛盾的主要方面,做到这些就是坚持了"重点论"。

习近平总书记提出,要优先解决主要矛盾和矛盾的主要方面,以此带动其他矛盾的解决。❷ 例如,协调推进全面建成小康社会、全面深化改革、全面依法治国、全面从严治党,是当前党和国家事业发展中必须解决好的主要矛盾。习近平总书记还强调,要学习和掌握社会基本矛盾分析法,深入理解全面深化改革的重要性和紧迫性。只有把生产力和生产关系的矛盾运动同经济基础和上层建筑的矛盾运动结合起来观察,把社会基本矛盾作为一个整体来观察,才能全面把握整个社会的基本面貌和发展方向。❸

要完成好党在中国特色社会主义新时代的历史使命,习近平总书记指出:"在统揽伟大斗争、伟大工程、伟大事业、伟大梦想中,起决定性作用的是新时代党的建设新的伟大工程。"抓住了伟大工程就是抓住了主要矛盾。习近平总书记还提出了"两个革命"思想,一个是社会革命,一个是自我革命,坚持和发展中国特色社会主义是社会革命,党要管党、全面从严治党是自我革命。"要把新时代坚持和发展中国特色社会主义这场伟大社会革命进行好,我们党必须勇于进行自我革命,把党建设得更加坚强有力。"❹党的自我革命最重要,只有党的自我革命搞好了,才能更好地推动党领导人民进行伟大社会革命。

在全面深化改革的过程中,改革的任务重、量大面广,需要整体推进、全面落实,但是在整体推进中必须注意重点突破,突出重点,纲举目张。政治、经济、文化、社会、生态文明和党的建设,领域众多,纷繁复杂,经济体制改革是全面深化改革的重点,"在全面深化改革中,我

---

❶ 人民网.习近平在中国共产党第十九次全国代表大会上的报告[EB/OL].(2017-10-28)[2020-03-27]. http://jhsjk. people. cn/article/26445123.

❷ 人民网.习近平:辩证唯物主义是中国共产党人的世界观和方法论[EB/OL].(2019-01-01)[2020-03-27]. http://jhsjk. people. cn/article/30497908.

❸ 人民网.习近平:推动全党学习和掌握历史唯物主义[EB/OL].(2013-12-04)[2020-03-27]. http:/jhsjk people. cn/article/23746208.

❹ 人民网.习近平:以时不我待只争朝夕的精神投入工作开创新时代中国特色社会主义事业新局面[EB/OL]. (2018-01-05)[2020-03-27]. http://jhsjk. people. cn/article/29748659.

们要坚持以经济体制改革为主轴,努力在重要领域和关键环节改革上取得新突破,以此牵引和带动其他领域改革"。❶

全面深化改革是整体推进和重点突破的统一,要坚持整体推进,学会十个指头弹钢琴。整体推进不是平均用力、齐头并进,而是要注重抓主要矛盾和矛盾的主要方面,注重抓重要领域和关键环节,这就坚持了"两点论"和"重点论"的统一。

3. 学习掌握认识和实践辩证关系的原理,处理好改革开放中顶层设计和摸着石头过河的关系

习近平总书记指出:"要学习掌握认识和实践辩证关系的原理,坚持实践第一的观点,不断推进实践基础上的理论创新。我们推进各项工作,要靠实践出真知。理论必须同实践相统一。"❷

改革开放过程也是一个不断摸索、汲取人民群众智慧的过程。摸着石头过河是富有中国智慧的改革方法,既符合中国国情,也符合马克思主义的认识论和实践论。在过去的40年中,中国的许多改革都是人民群众自己的创造,先实践,在局部干起来,试点探索,投石问路,再总结经验,上升为政策和制度在全国推广。邓小平同志在南方谈话中讲道:"农村搞家庭联产承包,这个发明权是农民的。农村改革中的好多东西,都是基层创造出来,我们把它拿来加工提高作为全国的指导。"❸习近平总书记说:"我国改革开放就是这样走过来的,是先试验、后总结、再推广不断积累的过程,是从农村到城市、从沿海到内地、从局部到整体不断深化的过程。这种渐进式改革,避免了因情况不明、举措不当而引起的社会动荡,为稳步推进改革、顺利实现目标提供了保证。摸着石头过河,符合人们对客观规律的认识过程,符合事物从量变到质变的辩证法。"❹

在改革开放的初期,我们的主要方法是摸着石头过河。随着改革开放的不断深入和全面深化,经验积累越来越丰富,对于改革规律的认识越来越深刻,顶层设计也显得越来越重要。在顶层设计的时候需要我们具有系统思维和全局思维,需要综合平衡和统筹兼顾。"全面深化改革,全面者,就是要统筹推进各领域改革,就需要有管总的目标,也要回答推进各领域改革最终是为了什么、要取得什么样的整体结果这个问题。"❹要做好统筹谋划,我们既"要深入研究全面深化体制改革的顶层设计和总体规划,明确提出改革总体方案、路线图、时间表",❺又要"五位一体"全面推进,对经济体制、政治体制、文化体制、社会体制、生态文明体制做出统筹设计和具体安排,必须大力提升改革决策的科学性。全面深化改革是关系党和国家事业发展全局的重大部署,不是某个领域、某个方面的单项改革,要从全局出发,要有长远眼光,要真正向前展望,超前思维,提前谋局。要"正确处理中央和地方、全局和局部、长远和当前的关系,正确对待利益格局调整,坚决克服地方和部门利益的掣肘"。❹

我们今天的改革仍然"要采取试点探索、投石问路的方法,取得了经验,形成了共识,看

---

❶ 人民网.经济改革"设计师"习近平[EB/OL](2015-02-12)[2020-03-27]. http://politics.people.com.cn/n/2015/0212/c1001-26553476.html.
❷ 人民网.习近平:坚持运用辩证唯物主义世界观方法论提高解决我国改革发展基本问题本领[EB/OL].(2015-01-25)[2020-03-27].http://jhsjk.people.cn/article/26445123.
❸ 人民网.邓小平如何处理农民问题[EB/OL].(2020-04-17)[2020-03-27]. http://cpc.people.com.cn/n1/2020/0417/c69113-31677856.html.
❹ 中共中央文献研究室.习近平关于全面深化改革论述摘编[M].北京:中央文献出版社,2014.
❺ 中共中央文献研究室.习近平关于协调推进"四个全面"战略布局论述摘编[M].北京:中央文献出版社,2015.

得很准了,感觉到推开很稳当了,再推开,积小胜为大胜"。❶ 摸着石头过河,不是漫无目的地瞎摸,"摸着石头过河也是有规则的,要按照已经认识到的规律来办,在实践中再加深对规律的认识,而不是脚踩西瓜皮,滑到哪里算哪里"。❶中国是一个大国,地缘辽阔,人口众多,民族、地理差异大,经济发展水平、文化教育和科技水平差异大,我们想问题、做决策都要从当地的条件出发,因地制宜,不能莽撞蛮干,不能千篇一律、一刀切,绝不能在根本性问题上出现颠覆性的失误。摸着石头过河是我们探索出的一种符合中国国情的改革方法。因此,"摸着石头过河和加强顶层设计是辩证统一的,推进局部的阶段性改革开放要在加强顶层设计的前提下进行,加强顶层设计要在推进局部的阶段性改革开放的基础上来谋划"。❶

4.学习把握尊重客观规律和发挥主观能动性的关系,处理好改革开放中胆子要大和步子要稳的关系

习近平总书记指出:"我们要处理好尊重客观规律和发挥主观能动性的关系。一方面,要坚持一切从实际出发,按照客观规律办事,一张蓝图抓到底,抓好打基础利长远的工作,……另一方面,要鼓励地方、基层、群众大胆探索、先行先试,及时总结经验,勇于推进理论和实践创新,不断深化对改革规律的认识。"❶

1992年,邓小平同志在南方谈话中讲道:"改革开放胆子要大一些,敢于试验,不能像小脚女人一样。看准了的,就大胆地试,大胆地闯。"❷没有一点"闯"的精神、"冒"的精神,就干不成新的事业。邓小平同志还希望有条件的地区把经济搞上去,步子可以快一点。中国的改革开放是渐进式的改革,稳妥审慎,"稳中求进"是中国改革开放的基本策略。有些国家搞所谓的"休克疗法",结果引起了剧烈的社会动荡和社会动乱,教训是很深刻的。我们改革政策举措出台之前都是反复论证和科学评估,从点到面,逐步推广,不"翻烧饼"。所以,处理好胆子大和步子稳的关系一直是改革开放的重要方法论之一。

习近平总书记论述了胆子大和步子稳的辩证关系,他说:"胆子要大,就是改革再难也要向前推进,敢于担当,敢于啃硬骨头,敢于涉险滩。步子要稳,就是方向一定要准,行驶一定要稳,尤其是不能犯颠覆性错误。"❶"推进改革胆子要大,但步子一定要稳。胆子大不是蛮干,蛮干一定会导致瞎折腾。对一些重大改革,不可能毕其功于一役,可以提出总体思路和方案,但推行起来还是要稳扎稳打,通过不断努力逐步达到目标,积小胜为大胜。这就叫'图难于其易,为大于其细。天下难事,必作于易;天下大事,必作于细'。"❶

在客观存在的自然界和社会及其客观规律面前,人总是在发挥自己的主观能动性去认识世界和改造世界。改革开放是一种全新的创造,解放思想,主动作为,敢闯敢干,胆子大一些,这就是发挥人的主观能动性;但是改革开放还必须尊重客观规律、按客观规律办事。"解放思想不是脱离国情的异想天开,也不是闭门造车的主观想象,更不是毫无章法的莽撞蛮干。"❸发挥主观能动性,也不是"人有多大胆,地有多大产"的主观唯心主义。改革开放既要发挥人的主观能动性,又要充分尊重客观规律,这样步子才能走得稳。

---

❶ 中共中央文献研究室. 习近平关于协调推进"四个全面"战略布局论述摘编[M]. 北京:中央文献出版社,2015.

❷ 人民网. 改革开放胆子要大一些,敢于试验[EB/OL]. (2016-02-03)[2020-03-27]. http://cpc.people.com.cn/n1/2016/0203/c69113-28108195.html.

❸ 人民网. 习近平谈解放思想[EB/OL]. (2018-11-28)[2020-03-27]. http://jhsjk.people.cn/article/30429628.

5.学习掌握系统思维,处理好改革发展稳定的关系,更加注重改革的系统性、整体性、协同性

习近平总书记强调:"我们提出全面深化改革的方案,是因为要解决我们面临的突出矛盾和问题,仅仅依靠单个领域、单个层次的改革难以奏效,必须加强顶层设计、整体谋划,增强各项改革的关联性、系统性、协同性。"❶

改革开放和全面深化改革是一项巨大的系统工程,涉及无数因素和变量,往往牵一发而动全身,全面深化改革要坚持全局和局部相配套,治本和治标相结合,渐进和突破相促进。因此,我们应该运用系统思维来把握全面深化改革这样一个巨系统。

改革、发展、稳定三者有着紧密和复杂的关系。首先,改革是为了发展,"只有紧紧围绕发展这个第一要务来部署各方面改革,以解放和发展社会生产力为改革提供强大牵引,才能更好地推动生产关系与生产力、上层建筑与经济基础相适应"❶其次,发展促进改革,存在的许多问题只有在发展中解决,只有发展了,许多改革的措施才好出台;只有发展了,才能改得动、改得掉。再次,稳定为改革和发展提供了安定和谐的环境保障,如果没有一个稳定的局面,改革和发展就谈不上;反过来,如果不改革和发展,人民群众的生活没有得到改善、没有获得感,社会也难以稳定。因此,"我们要坚持把改革的力度、发展的速度和社会可承受的程度统一起来,把改善人民生活作为正确处理改革发展稳定关系的结合点,在保持社会稳定中推进改革发展,通过改革发展促进社会稳定"。❷

处理好改革发展稳定的关系,必须增强改革的系统性、整体性、协同性。第一,要坚定不移推进改革开放,改革不停顿,开放不止步。我们要以更大的政治勇气和智慧推动下一步改革。全面深化改革触及深层次的社会关系和利益调整,难免触动一些人的既得利益,不可能是皆大欢喜,要让改革措施落地,就需要有勇气、有胆识、有担当。坚持改革的正确方向,敢于啃硬骨头,敢于涉险滩,勇于突破思想观念的障碍,勇于突破利益固化的藩篱。第二,要凝聚改革的共识,没有广泛的共识就难以形成改革开放的合力。"现在,经济体制深刻变革,社会结构深刻变动,利益格局深刻调整,思想观念深刻变化,凝聚改革共识难度加大,统筹兼顾各方面利益任务艰巨而繁重。这就更需要下功夫去凝聚共识。凝聚共识很重要,思想认识不统一时要找最大公约数……把最大公约数找出来,在改革开放上形成聚焦,做事就能事半而功倍。"❷我们要团结一切可以团结的力量,调动一切可以调动的积极因素,汇成推进改革开放的强大合力。第三,要科学施策,不能盲目推进改革。我们要按照中央要求来推进,不要超出中央确定的界限来推进;要有序推进改革,不抢跑、不拖延,该试点的不要仓促推开,不要急于求成。第四,要协同推进,每一项改革都会对其他改革产生重要影响,每一项改革又都需要其他改革协同配合。我们要注重改革的关联性和耦合性,避免畸轻畸重、顾此失彼,避免各行其是、相互掣肘。"随着改革开放不断深入,改革开放的关联性和互动性明显增强,这就要求我们更加注重各项改革的相互促进、良性互动。"❷我们要把握好全面深化改革的重大关系,使各项改革举措在政策取向上相互配合,在实施过程中相互促进、在改革成效

---

❶ 人民网.习近平:推动全党学习和掌握历史唯物主义 更好认识规律更加能动地推进工作[EB/OL].(2013-12-05)[2020-03-27]. http://jhsjk.people.cn/article/23748665.
❷ 中共中央文献研究室.习近平关于全面深化改革论述摘编[M].北京:中央文献出版社,2014.

上相得益彰,形成改革开放的强大合力。

6. 不断增强辩证思维能力,准确把握和妥善处理全面深化改革不同领域中的各种重大关系

习近平总书记要求:"要学习掌握唯物辩证法的根本方法,不断增强辩证思维能力,提高驾驭复杂局面、处理复杂问题的本领。我们的事业越是向纵深发展,就越要不断增强辩证思维能力。"❶

全面深化改革面临各种难题和挑战,这就要求我们善于处理局部和全局、当前和长远、重点和非重点的关系,在权衡利弊中趋利避害、做出最为有利的战略抉择。要加强调查研究,坚持发展地而不是静止地、全面地而不是片面地、系统地而不是零散地、普遍联系地而不是单一孤立地观察事物,准确把握客观实际,真正掌握规律,妥善处理各种重大关系。

改革的过程也是协调处理各种关系的过程,在改革的不同领域要处理好各种不同重大关系。

党的十八届三中全会提出的全面深化改革总目标是由两句话组成的,即"完善和发展中国特色社会主义制度"和"推进国家治理体系和治理能力现代化",我们要正确理解全面深化改革总目标中两句话之间的关系,以及第二句话中国家治理体系和治理能力之间的关系。"前一句,规定了根本方向,我们的方向就是中国特色社会主义道路,而不是其他什么道路……后一句,规定了在根本方向指引下完善和发展中国特色社会主义制度的鲜明指向。"❷这两句话构成了一个整体,只有放在一起来理解才能完整理解和把握全面深化改革的总目标。在第二句话中,我们还要正确理解和把握国家治理体系和治理能力的关系。习近平总书记对国家治理体系和治理能力关系的论述有三层意思。其一,两者的作用不同,相辅相成,缺一不可。"两者相辅相成,单靠哪一个治理国家都不行。治理国家,制度是起根本性、全局性、长远性作用的。然而,没有有效的治理能力,再好的制度也难以发挥作用。"❷其二,两者相互促进。"有了好的国家治理体系才能提高治理能力,提高国家治理能力才能充分发挥国家治理体系的效能。"❷其三,国家治理体系和治理能力虽然有密切联系,但又不是一码事,不能完全相等同。"不是国家治理体系越完善,国家治理能力自然而然就越强。纵观世界,各国各有其治理体系,而各国治理能力由于客观情况和主观努力的差异又有或大或小的差距,甚至同一个国家在同一种治理体系下不同历史时期的治理能力也有很大差距。"❷因此,国家治理体系和治理能力是既相互区别,又相辅相成的有机整体,是辩证统一的关系。

改革和开放也是一对关系,也要处理好。在改革开放进程中,改革了,才有可能开放,改革有了深度,开放才有广度。而开放又倒逼和促进改革,开放开阔了视野、开阔了思路、开通了渠道,又进一步促进深化改革的力度。

在经济体制改革中,我们要注意处理好政府、市场、社会的关系,让市场在资源配置中发挥决定性作用和更好地发挥政府的作用。要处理好大和小、收和放、管理和服务的关系,公

---

❶ 人民网. 习近平:坚持运用辩证唯物主义世界观方法论提高解决我国改革发展基本问题本领[EB/OL]. (2015-01-25)[2020-03-27]. http://jhsjk.people.cn/article/26445123.

❷ 中共中央文献研究室. 习近平关于协调推进"四个全面"战略布局论述摘编[M]. 北京:中央文献出版社,2015.

有经济和非公经济的关系,还要处理好经济发展和生态环境保护的关系。在政治体制改革中,我们要注意处理好坚持党的领导、人民当家做主、依法治国三者统一的关系。在发展方式上,要注意处理好创新发展、协调发展、绿色发展、开放发展、共享发展之间的关系。

  改革开放是我们党在新的时代条件下带领中国人民进行的新的伟大革命,是当代中国最鲜明的特色,也是我们党最鲜明的旗帜。改革开放永无止境,只有进行时没有完成时。要全面深化改革,进一步改革开放,就必须不断接受马克思主义哲学智慧的滋养,一刻也不能离开马克思主义的世界观和方法论的指导,一刻也不能离开唯物辩证法。要自觉地运用唯物辩证法来指导我们的行动,在改革开放的实践中运用辩证法,发展辩证法。习近平新时代中国特色社会主义思想闪耀着唯物辩证法的光辉,是中国共产党集体智慧的结晶,是马克思主义中国化的最新成果,是当代中国的马克思主义,21世纪的马克思主义。

(原文见《光明日报》2018年11月19日)
(作者冯俊,曾任中共中央党史和文献研究院院务委员会委员、教授)

参 考 文 献

[1] 孙钧.地下工程设计理论与实践[M].上海:上海科学技术出版社,1996.
[2] 王梦恕.中国隧道及地下工程修建技术[M].北京:人民交通出版社,2010.
[3] 项海帆.桥梁概念设计[M].北京:人民交通出版社,2011.
[4] 曾庆元,向俊,周智辉,等.列车脱轨分析理论与应用[M].长沙:中南大学出版社,2005.
[5] 朱汉华,周智辉.土木工程结构受力安全问题的思考[M].北京:人民交通出版社,2012.
[6] 朱汉华,尚岳全,金仁祥.川藏公路西藏境内典型病害防治技术[M].北京:人民交通出版社,2004.
[7] 《岩土工程手册》编写委员会.岩土工程手册[M].北京:中国建筑工业出版社,1994.
[8] 《工程地质手册》编写委员会.工程地质手册[M].北京:中国建筑工业出版社,1992.
[9] 中国科学院-水利部成都山地灾害与环境研究所,中国科学院兰州冰川冻土研究所,西藏自治区交通厅科学研究所.川藏公路南线(西藏境内)山地灾害及防治对策[M].北京:科学出版社,1995.
[10] 中国科学院-水利部成都山地灾害与环境研究所,西藏自治区交通科学研究所.川藏公路典型山地灾害研究[M].成都:成都科技大学出版社,1999.
[11] 梁漱溟.东西文化及其哲学[M].上海:上海人民出版社,2015.
[12] 秦培龙.东方人与西方人的50个思维差异[M].哈尔滨:哈尔滨出版社,2009.